Primal Paths e.V.
Lyrik- und Kurzgeschichtensammlung
Band 1

Seid eingeladen auf eine Reise, die sich durch die
entferntesten Winkel der Kunst bewegt. Denn sie war es,
die unseren Scheideweg vom Tier markierte. Sie steckt in
jedem von uns.

AF210099

Primal Paths e.V.

Band 1

Lyrik- und Kurzgeschichtensammlung

Bibliografische Information der Deutschen Nationalbibliothek:
Die Deutsche Nationalbibliothek verzeichnet diese
Publikation in der Deutschen Nationalbibliografie;
detaillierte bibliografische Daten sind im Internet
über http://dnb.dnb.de abrufbar.

© 2023 Tom Heinrich – gesammelte Autoren

Herstellung und Verlag: BoD – Books on Demand,
Norderstedt

ISBN: 978-3-7583-2126-9

Inhaltsverzeichnis

HANG HIM HIGH

Hang him high, hang him high,
the little girl cries.
Please people, hang him high,
so no one gets over him, she sighs.

Her father is no good man,
no good man in the kings eyes.
But he does all he can
to make his lil' girl smile.

And they come in the night
that little girl gets a fright.
In the candlelight, o the candlelight
their dogs drag him off the bed, they bite.

Under the stars they stride
to the tree where he buried his wife.
Asked of her last words about his life
the girl answers with all her pride:

Hang him high, hang him high,
so that his greatness may defy,
where he can't be reached by your lies;
until everyone of you traitors die!

- *Tom Heinrich*

-   *Tom Steffenberg*

VERTRÄUMT

Ein Flüstern nur,
einem Wehklagen gleich,
zieht über Wald und Flur
und eine Böe weht ganz leicht.

Wie geliebte Finger, umspielt sie dein Gesicht,
niemand ahnt indes, dass gleich das Bollwerk bricht.
Kurz darauf erkennst du liebestoller Narr nun auch,
was dort weht - als Schauer zu dir rüber kraucht.

Kein Säuseln mehr, nein Schrei'n,
und du ohne Schutz im Schein
der Blitze grausig greller Treiben
jetzt für heut Nacht wirst sein.

So gingest du mit folgender Lektion:
Ist dies Gefilde noch so schön,
ist's auch nicht dich zu verhöhn',
im Wald sei auf der Hut, mein Sohn.

- *Tom Heinrich*

- *Tessa Siebenstern*

WIE GEMALT

Die schwarzen Sprenkel auf weißem Leinen
sind tote Krähen in verschneiten Birkenhainen.

-    *Tom Heinrich*

WOLF IN MENSCHENHAUT

Ein Wolf, er erscheint nicht nur als Tier,
der Wolf, oh er schlummert auch in dir.

Allzeit, allzeit du fürchtest nur das Tier,
doch war, schon lang, der Wolf bereits in dir.
Schon lange trangst und sangst
du mit jenem Freund.
Aber eines Abends du ihn fandst
hinter deiner Tür.
Er zischt er neid schon lange dir
Haus und Hof und Weib
und ohne Ehre und Manier
er durch deine Kehle schneid'.

"Vater, ich armes Mädchen sah den Wolf,
wie er lechzte nach mir sehr.
Drum rannte ich in deinen Arm
und fürcht' mich immer mehr!"
"Ach mein Kind nun ist's vorbei,
leg dich hin und bloß kein Schrei.
Ich liebe dich, wehe du dich regst,
wenn ich mich gleich noch zu dir leg!"

Dein Bruder selbst wagt es gern oft,
er flucht, als wär der Deibel los.
Im Rausch hast du nur grad gehofft,
dass dein Streich war ihm kein Gnadenstoß.
Doch dem armen Sack hat's Leid getan,
jetzt schreist du und bittest wie ihm Wahn:
"Oh Gott nimm ihn noch nicht fort,
in meiner Absicht lag kein Brudermord!"

Im grauen Pelz erwogest du das Tier,
es schlummert jene Bestie auch in mir.
Und lockt nicht Hunger es heraus,
dann ist's der Neid, die Lust, die Gier!

-    *Tom Heinrich*

- *Tom Steffenberg*

STOLZ

Eine Eiche, die hundert Jahre schon bestand,
die stumm selbst Orkane mitbezeugt,
sich nur aus dem Grund dem Sturme beugt,
dass ein Röslein den Stamm zum Schutz verlangt.

-

-   *Tom Heinrich*

WO IST GOTT?

Wo ist Gott, fragt er sich,
der kranken Gattin Mann.
Warum verhindert er es nicht,
wenn er doch alles weiß und kann?

Wo fragen alle, anstatt was, wenn es darum geht,
denn ein Gott soll ein allmächtig Wesen sein.
Und so verurteilt man es von vornherein,
doch begreift der Mensch kaum diese Entität

Gott ist Farbe, die Jahre nach dem Trocknen noch,
einen jeden fühlen lässt, was den Pinsel führte.
Wenn der Bettler, der gestern unter grausam' Joch,
heute die Güte eines Nächsten spürte.

Himmelskörper, Psychologie und die Geburt,
dass aus dem Tiere einmal Menschheit wurd,
Trost und Gesang in Krisenzeiten,
Sühne und Erlösung nach dem Beichten,
ein Fisch am Ende einer Hungersnot,
dass Sonne unser'n Wachs zu schmelzen droht,
dies ist unser Heiland.
Nicht mehr, als Natur und Kollektivverstand.
Doch macht es das nicht weniger real,
als wärs ein greiser Mann im Wolkental.

-     *Tom Heinrich*

DU NICHT

Wir handelten oft einfach zu schnell.
Du nicht.
Wir waren sogar schon einmal kriminell.
Du nicht.
Wir haben auch Erfahrungen mit Drogen.
Du nicht.
Wir haben öfter als alle anderen gelogen.
Du nicht.
Wir sind tätowiert und provozieren.
Du nicht.
Wir sind es nunmal gewohnt zu verlieren.
Du nicht.
Wir hätten eigentlich viel zu bereuen.
Du nicht.
Wir haben allen Grund zu leugnen.
Du nicht.
Wir umgaben uns mit Dramen und Abenteuern.
Du nicht.
Wir haben eine Menge Dinge zu erneuern.
Du nicht.
Wir waren oftmals schon ganz unten.
Du nicht.
Wir haben dort neue Freunde gefunden.
Du nicht.
Wir wissen um den Wert der Freiheit.
Du nicht.
Denn wir haben eine Vergangenheit.
Du aber nicht…

-    *Tom Heinrich*

LIEBESGRÜẞE

Ich ließ eben dies in deine Richtung fliegen;
Du fragst dich sicher, was es war.
Vielleicht wirst du's beim Erhalt schon lieben,
ändern kann ich's nicht mehr, da es bereits
geschah.
Aber wars ein Kompliment, das ausflog dir zu
schmeicheln,
warens warme Worte, um dein Herz zu
erweichen?
War es eine Kiste mit Geschmeide,
Rubinen, Gold und Seide?
Oder ein Bote mit nem Rosenstrauß,
Telegramm und Gaumenschmaus?
Schickt' ich womöglich eine Taube?
Dass ich an unsre Hochzeit glaube?
Ich könnt all dies in deine Richtung schicken,
doch viel elementarer war das Anliegen.
Würdest du nun in meine Richtung blicken,
sähest du meinen Stein anfliegen.

- *Tom Heinrich*

KLEINER MANN

Seine Steuern und sein Stimmrecht
gehen gerade Hand in Hand.
Ersteres war wohl nicht schlecht,
also hat er eine Stimme hier im Land.

Doch sein Kapital so nutzlos wie der Anzug,
als man ihn in der Gosse kurzerhand erschlug.
Mit dem Grindset war's schnell vorbei,
floss einfach dahin als rosa Brei.

Er war recht hoch und genauso breit;
Spiegel bezeugen seine Eitelkeit.
Drohend nahm er dich beiseit',
versprach noch, dass er euch entzweit.

Doch sein Waschbrett war nicht stichfest,
nicht wie die gestemmten Eisenscheiben.
So gab man ihm des Nachts den Rest,
konnte bequem die Klinge in den Körper treiben.

Bewegt euch nur wie ein Pfau umher,
ihr verdient's euch immerhin sehr schwer,
aber in den Gassen regiert der kleine Mann,
und über Gassen der Pfau nicht fliegen kann.

-   *Tom Heinrich*

FORTGETRIEBEN

Dieses Gefühl in deiner Brust,
das du so noch nicht gekannt,
wird dir auf einen Schlag bewusst
und du fühlst dich übermannt.

Einen Wimpernschlag lang brauchte es,
dann gaben deine Knie nach.
Wenn du nur mehr Mut besäßest,
läge deine Stimme nun nicht brach.

Als du sie sahst, war sie sofort dein.
Gerade eben war sie noch mein!
Ich trieb sie fort…nur so aus Lust.
Meine Klinge steckt in deiner Brust.

-    *Tom Heinrich*

In der Fauna neigt man sich zu präsentieren
in signalträchtigen Mustern sowie Farben.
Dies soll gewisse Attribute indizieren
und nicht einfach fremde Augen laben.

Geschöpfe aposematischer Gestalt
äußern damit keinen Geltungsdrang.
Über viele hunderttausend Jahre lang
evolvierten solche Phänotypen per Gewalt.

Das in der Zoologie üblichere Pendant
ist auch beim Menschen die Mimese.
Mancher aber, ohne notwendige Genese,
bedient sich Warntrachten zum Amüsement.

Wehrhafte Kreaturen zu etikettieren,
ist unsere Erwartung an die Morphologie.
Du hingegen versuchst diese nur zu imitieren,
warst nie giftig, eine bedeutungslose Mimikry.

-   Tom Heinrich

VERLASSEN

Raureif ziert die Höllenpforte,
empor steigt nur ein letzter Schleier
kalter ruß'ger Nebelwolken,
die einst war'n Mephistos Feuer.

Droben, an gülden schimmernd Himmelstoren,
wo selbst Sünder wurden neu geboren,
wo Chöre von den Engelsscharen
dröhnend zu vernehmen waren,
herrschst nun die Stille eines Grabes
am Abend des allerletzten Tages.

Nur auf Erden, zwischen beiden,
regieren noch die Heiden.
Sie sind laut und trampeln gern,
haben weder Ziel noch Scham.
Verloren beides, ihnen bleibt nur Lärm
und nichts und niemand hält sie warm.

-    *Tom Heinrich*

FREUNDE WACHSEN NICHT AUF BÄUMEN

Zwischen Kiefern warst du zugegen,
meine Errettung aus der Einsamkeit.
Hast einfach dort so rumgelegen,
besuchte dich von Zeit zu Zeit.

War lang mit keinem mehr zusamm',
du hattest mich angefleht zu bleiben.
Eingeklemmt unter einem Kiefernstamm,
hast du mir zugehört bei meinen Leiden.

Du schriest erst viel, dann sprachen wir,
warst so dankbar schon nur für ein Bier.
Hast mich niemals im Stich gelassen,
als wir unter Kiefern nächtelang zusammensaßen.

Auf einmal warst du still,
schautest nur ganz drollig drein.
Komme in die Kiefern falls ich reden will,
sollst doch weiterhin ein Freund mir sein.

Gestern klagt man mich versagter Hilfe an
und scharte sich im Wald zu Hauf.
Man gestand mir einen letzten Wunsch und dann
knüpften sie mich über dir an einer Kiefer auf.

-   *Tom Heinrich*

MORGENROUTINE

Der kalte Stahl an meiner Kehle,
ich tu ängstlich wie mir geheißen.
Zwei Schicksale, aus denen ich nun wähle:
Parieren oder die Klinge durch die Ader reißen.
Auch heute mime ich die feige Figur,
lege das Messer ab und beende die Rasur.

-   Tom Heinrich

TRENNUNGSANGST

Mein Verstand scheint ein altes Herrenhaus,
befallen von Ratten, bis ins kleinste Loch.
Überall rascheln und breiten sie sich aus,
nirgends ein Sparren, unter den noch keine kroch.

Einem Infekt gleich ergriff es meinen Körper,
der Atem versagt und das Herz pocht hörbar.
Kalter Schweiß, der auf der Haut brannte,
Gedanken, die ich nicht als die meinen erkannte.

Diese neue Lust hielt ich für einen Hund,
der mit der Zeit wohl einfach Ruhe gäbe,
gezähmt und faul auf seiner Decke läge,
ließ man ihn von der Kette für nur eine Stund'.

Also ging ich aus um dich zu sehen.
Eine Überraschung dürfts gewesen sein.
Hast niemanden erwartet im Laternenschein,
der darauf wartet seine Gefühle zu gestehen.

Erschrick nicht, Kind, entblöße mir die Kehle,
klimper mit den Wimpern, schau mir in die Seele.
Ich folge deinem Wunsch und beiße in die Haut,
deine Erregung gebiert einen gehauchten Laut.

All das schöne Fleisch in einem weißen Kleid,
alles was ich tat, tut mir jetzt schon leid.
Was ich zu tun gedenke, wird unverzeihlich
werden.
Sag, würdest du für die Liebe sterben?

Vor dir will ich knien, oh meine Königin,
meine Zunge labt sich an der Scham.
Deine Lust rinnt mir durch den Bart am Kinn
und du schreist, als Finger ins Spiel kam'.

Du raubst mir so die Luft,
das wieg ich niemals wieder auf.
Außer ich steckte dir ein Messer in die Brust
und schnitt dir deine Lungen raus.

Das Stöhnen nur noch Keuchen,
glitzernde Tränen lassen Augen leuchten.
Dein Atem ließ dich schnell im Stich,
endlich habe ich diese Wirkung auch auf dich.

Küsse, besser als Opium und Äther,
sichere ich mir auf alle Zeit für später.
So habe ich mir deine roten Lippen
von deinem süßen Mund geschnitten.

Ich will dich so nah an meinem Herzen,
so nah, dass mein Brustbein hätts bestritten.
Also hoble ich es unter großen Schmerzen
bei uns beiden aus den Rippen.

Ich höhle mir die Augen aus dem Schädel,
nimm sie, sollst dich sehn, wie ich dich sehe.
Als ich dein langes Haar auf eine Nadel fädel,
damit deine Haut für immer auf die meine nähe.

Ich ritze diese Worte in unser beider Leiber,
als Versprechen für die Ewigkeit.
Dein Geruch und der Anblick deiner Kleider
begleiten mich in die Dunkelheit.

-   *Tom Heinrich*

IF THEY WHISPERED ... WOULD YOU HEAR THEM?

- *Tom Steffenberg*

PARENTIZID

„Fütter mich" spricht er zu dem Sohn,
das Fett quilt aus dem Schaukelstuhl.
Undank ist der Welten Lohn,
des Vaters Schoß ein Sündenpfuhl.

Durch die Musik dringt kein Flehen,
das Gewissen ertrinkt im Wein,
gleich den Geschwistern auf den Seen,
vom Regen in die Tyrannei.

Krieg in den Hütten, der Lohn den Palästen.
Mutterfreuden, wenn Brüder Messer wetzen.
Schaffe, schaffe Häusle bauen.
Das Tor ist schwer, keinem vertrauen.

„Hoch, hoch!" jubeln ihm die Massen.
„Am Laternenpfahl!" das Echo aus den Gassen.
Die Chancen waren großzügig bemessen,
sollten statt Brot doch einfach Kuchen fressen.

Dann auf schwarzer Straße, mitten in der Nacht
steht ein kleines Kind und lacht.
Wer kann es ihm verdenken?
Hats doch grad die Eltern umgebracht.

-   *Tom Heinrich*

- Tom Steffenberg

EIN HAUCH VON ROT

Ein Hahn krächzt vor dem Donnergrollen.
Flure gebären dichte Nebelschwaden.
Bäche rinnen aus den Stollen,
am Horizont die roten Wolken tagen.
Eine Szenerie, so wunderschön und malerisch,
als das Flintengeschoss mit dir die Wand anstrich.

-   Tom Heinrich

KUNSTGRIFF

Es erwog der Beelzebub als neue List,
dass die Kunst ein Mensch nun ist.
Er macht die Malerei zu kleinen Händen,
eine Kehle anstelle von Musik
und bildgehauene Marmorlenden,
er mit weichem Fleisch bezieht.
Legt statt fein geschliffener Juwelen
Augen in zwei modellierte Höhlen,
das Seidenspinnen wurde Haut,
Haar so blond wie einst Goldstaub.

Und die Kunst bekam den Drang,
dass sie nie wieder wird gefang'.
Sie will nun der eignen Seele heilen,
nie mehr lang am Ort verweilen.

Also statt die Kunst nun zu ersinnen,
zu erwerben oder gar zu stehlen,
muss ich jetzt ihr Herz gewinnen,
sonst werd ich sie nie wieder sehen.

-    *Tom Heinrich*

35

ZWEIFEL

Im weichen Federbett verweilst du,
eine Spieluhr bringt dich rasch zur Ruh.
Romantisch tanzt der Kerzenschein,
die Bäckchen rot von gutem Wein.

Da knarzt die dunkle schwere Zimmertür,
hörst eine Stimme und sie ruft nach dir.
Schwarze Finger schieben sich in den Raum,
betest und hoffst, doch das ist kein Traum.

Was tätest du, fändest du dich so wieder?
Zitternd zu senken deine Augenlider?
Oder würdest du aufspringen und schrein?
Der finstren Gestalt kein leichtes Opfer sein?

Im warmen Bett unserer Psyche
krauchen sie aus dem Schrank als Flüche.
Mit Lügen, Zweifeln und auch Scham
laben sie sich an unserm Gram!

Lass sie bitte nicht gewähren,
musst sie anschreien und dich wehren!
Ihr kommt hier sicher nicht herein!
Die rechte Wahrheit soll ein Schild mir sein!

Was zeugt ihr mir ich könnt das nicht?
Und selbstverständlich liebt er mich!
Nichts als infamer übler Stuss,
ihr seid nur mentaler Überdruss!

- *Tom Heinrich*

36

RAGEQUIT

Bitte Herr, hol mich heim,
will ein braves Lamm dir sein.
Den Streich selbst zu wagen verbietest du,
doch auch kein Blitz bettet mich zur Ruh.
Schickst mir keinen Diener her,
der meine Kehle öffnet ohne Gegenwehr!
Weder Gift, die Flut, noch ne Geschlechtskrankheit
verkürzt mir meine Leidenszeit!
Du Hurensohn lässt dich wirklich bitten?
Hab mit übleren Gestalten schon gestritten!
Trau dich und streck mich nieder!
Mein Hass auf dich entfacht den Funken wieder...

- *Tom Heinrich*

GLÜCKSELIGKEIT

Schau den Herrn im Leid mein Sohn,
ein gar armer Tropf er scheint.
Zog sich zu der Nachbarn Hohn,
hatt' sich mit einem Mann geeint.

Doch Vater, warum lächelt er denn so?
Scheint mir seines Lebens froh.
Viel breiter sogar als du,
und auch länger noch dazu.

Siehst du die Frau in Elend dort?
Mein Sohn, sie ging von ihrem Manne fort.
Verlor so Geschmeide und die Bleibe,
folgte sklavenhaft der Scheide.

Sie regt sich sorgenlos und selbstzufrieden,
Papa, als würde sie ihr Leben lieben.
Steht viel gerader da als du,
und auch stolzer noch dazu.

Willst du enden wie die Schar,
die ich im Wagen hausend sah?
Wie's bei Zigeunern üblich war,
so werden sie nie glücklicher.

Papa sie spielen aber fein,
der Bruder mit dem Schwesterlein,
sogar ihr Vater ist daheim,
muss nicht wie du auf Arbeit sein.

Mein Kind, ich zeige dir die Welt,
auch was durch viele Fehlentscheide,
das Glück dir möglicherweise vorenthält.
Friede bringt nur die fromme Lebensweise.

Vater ich weiß mir nicht zu helfen,
wenn du doch sagst ich soll brav streben,
aufzusteigen zu den Welfen,
dabei will ich nur wie diese Leute leben.

-    *Tom Heinrich*

VERANTWORTUNG

Jeden Lenz ein Busch blutrote Blüten brachte.
Jeden Sommer man stur seine Stiele strich.
Jeden Herbst der Busch bitterlich in Tränen bricht.
Jeden Winter er ängstlich an den Sommer dachte.

Als eines Jahres dann nur Dornen sprossen,
hat man ihn ausgebuddelt und verscharrt.
Da haben sie viele nasse Tränen vergossen,
weil im Garten keine Rosenblüte mehr verharrt.

- *Tom Heinrich*

- *Josy Bubbe*

ENTTÄUSCHEND

Ich erstand jüngst aus Einsamkeit
einen kleinen Welpen.
Mildert hoffentlich mein einsam Leid
und wird mir in diesen Zeiten helfen.

Daheim nagt er am guten Mobiliar,
verrichtet die Notdurft auf dem Läufer gar.
Hört nicht auf meine klaren Ordern
oder Speisen von mir zu fordern.

Drum trat ich ihn, auf dass er begreift,
doch keine Erkenntnis in ihm reift.
Hat mir zum Dank ins Bein gebissen,
dummer Köter, werd ihn sicher nicht vermissen.

-   *Tom Heinrich*

WINTERTRAUM

Unter schneebedeckten grünen Nadeln,
hockt der Teufel nebst einem frischen Grabe.
Lacht laut und schaut ohne zu tadeln,
während ich auf deinen Kopf einschlage.

-    *Tom Heinrich*

- *Tom Steffenberg*

GOTTES WERK

Um mich herum ein grauer Menschenschlag,
Blasphemie in aller Herren Seelen.
Sünder leben in den jüngsten Tag,
  Glauben schenken heißt auch Unglauben stehlen.

So tue ich zwölf Taten unter vierzehn Sonnen,
jeder siebte Tag gehört allein dem Frommen.
Drücke fleißig Häupter in der Gluten Rot,
  Gott findet meist, wem das Fegefeuer droht.

Einst packte der Verführer meinen Schopf,
bestimmt erkannte er in meinen Taten selig Grund,
sah in meine Augen, schüttelte den Kopf,
und ging wieder in den Höllenschlund.

Nur wenn der Satan mich nicht gewollt,
wann der Vater mich dann heme holt?
Bin tierlieb, fütter die Krähen sowie Ratten,
verdiene zu entrücken, befreit von allen Schatten.

- *Tom Heinrich*

GUTER NACHBAR

Er wandert häufig in den Gassen,
beäugt neue Nachbarn auf ihr'n Liegen.
Von Passanten wird er stets gemieden,
hat sich nur von der Turmuhr drängeln lassen.

Einmal hat er verwirrt gefragt,
wo sich noch gleich sein Bett befände.
Man deutete ihm den Platz im Gelände,
beim Hahnenschrei lag er wieder in sei'm Grab.

- *Tom Heinrich*

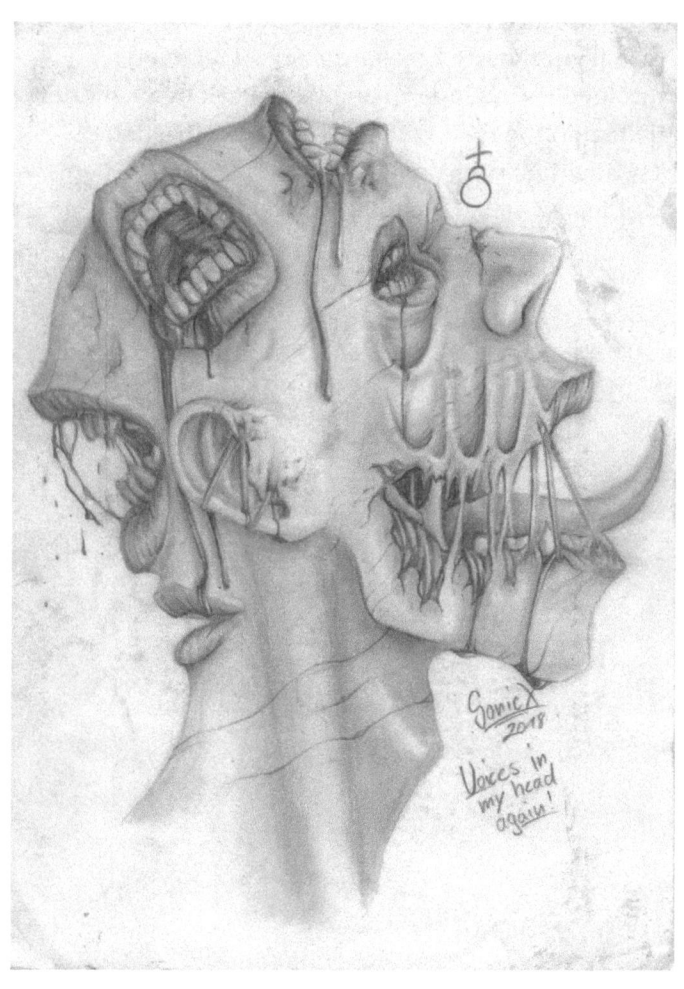

-   *Tom Steffenberg*

Aufmarschierende Banden collagierten
durch ein fanatisch geschriebenes Hetzblatt,
infolgedessen junge Knaben lautstark marschierten,
nahezu ohne Plan, quer Richtung Siegfriedstadt.
Tobsüchtige und Voyeure
wollten Xantens Yachthafen zerstören.

           -   *Tom Heinrich*

EL CAMARÓN

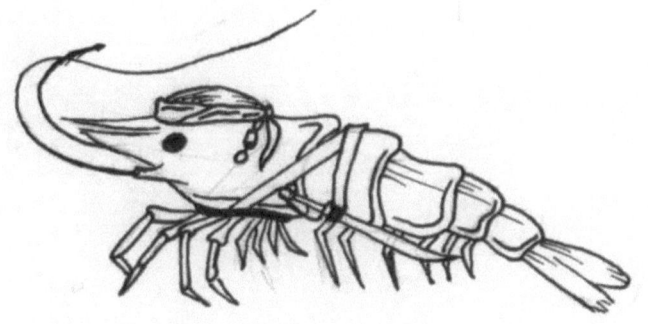

-   *Till Heinrich*

GEHEN WOLLEN

Ein weißer Schwan auf schwarzer See,
kontrastierte meine abendliche Distraktion.
Ach könnt ich ihm doch nur beiwohn,
ich möcht so gern zu ihm ins Wasser geh'n.

-   *Tom Heinrich*

ORDENTLICH

Mache geflissentlich Avancen
für die Erlaubnis zur Vergewaltigung.
Zivilisierte Possen mehren meine Chancen,
unserer Natur freien Lauf zu lassen.

\- *Tom Heinrich*

Die Gischt in meinem Gesicht genießend, verabschiedete ich unseren nächsten Stern in fremde Hemisphären. Mit dem Vergehen des Sonnenrunds im Horizont, erlaubte die mich verschlingende Finsternis einen Ausblick auf die Ästhetik der beginnenden Nacht. Ich erspähte den Hauch eines Schimmers durch das Geviert jener Festung vergangener Tage, auf deren Sims ich meine Arme stützte. Dort unter mir, am unwegsamen Fuße eines Geröllfeldes der auslaufenden Kaimauer, waren einige wenige der von Algen angegrünten Brocken von einem schwachen Orange geküsst. Eine vornächtliche Brise schien mir den Wunsch einzubläuen, dem Phänomen auf den Grund zu gehen. Ich durchschnitt die Einsamkeit raschen Schrittes und stieg mit wackeligen Beinen über das Gestein, gleich einer Motte, die der ihrigen Leuchtquelle zugeneigt. Im Zentrum dieses Lichtkegels einer kleinen Kerzenlaterne saß jemand, gebeugt und still wie ein Poller, neben statuenhaften Felsformationen. Sein Blick ging, von keinem Blinzeln durchzuckt, stur nach den wogenden Weiten. Dabei überschwappten immer wieder Schaumkronen seine Knie. Über uns versuchten die Wolkenschwaden wie ein himmlisches

Fischernetz die Gestirnschwärme einzufangen. Nach kurzer Scheu stieß ich schüchtern hervor: "Worauf warten Sie?"

Dass er auf mich zu reagieren begann, verriet nur ein plötzlich einsetzendes, sterbenslang andauerndes Einatmen, welches vom Geräusch eines maroden Blasebalgs begleitet wurde.

"Ich warte nicht, ich grüble." schnarrte er, als ob ihm die Stimmbänder rosteten.

"Worüber?" begehrte ich zu wissen.

"Eine Antwort." Das Rauschen der Brandung machte es schwer, etwas von ihm zu verstehen. Die Knappheit seiner Auskünfte befriedigte meine aufflammende Neugierde nicht.

"Worauf?" spielte ich sein Spiel mit. Der Mond warf verhalten sein weißes Licht auf die aschfahle Haut des Alten. Immer wieder sprangen dicke Tropfen vom Aufschlag der Wellen gegen sein Gesicht, was jedoch zu keiner Rührung seiner Züge führte.

"Das habe ich vergessen." kratzte ein Klang wie von Treibholz, das bei dem Auf und Ab an einer Betonwand rieb. Die letzte Welle spülte eine Krabbe ans knochige Bein des Greises und zügig, bevor die nächste heranrollte, unternahm sie die Flucht nach oben, wo sie in der Brusttasche seines verkrusteten Gewandes eine Bleibe zu finden versuchte.

"Vergessen? Wie?". Sowie diese Worte meinen Mund verließen, war mir bereits klar, dass sie uns nur Zeit stahlen, aber das Gespräch dafür kaum vorantreiben konnten.

"Ich grübelte zu lang." presste er zwischen den kaum offenen Lippen schwermütig hervor. Seine langen Haare waren steif vom Salz und glichen in seiner Textur eher Tang.

"Warum sitzen Sie dann noch hier?" Ich dachte gar nicht daran, ohne die Aufklärung der Situation von dannen zu ziehen. Der Duft verrottenden Fisches verging sich an meiner Nase.

"Noch habe ich keine Antwort."

Eine gewisse Ungeduld überkam mich, denn das Tempo, in dem er sich rechtfertigte, schien Gezeiten verstreichen zu lassen.

"Aber wenn Sie doch nicht einmal mehr wissen, worauf..." Die Algen auf seinen Stiefelspitzen tanzten im Rhythmus der Wellen.

"Vielleicht ergibt es sich." erwiderte die hagere Gestalt. Ob dieser Erklärung starrte ich gedankenverloren auf den Muschelbewuchs, welcher bis hoch in seinen Schoß reichte.

"Ist es dann überhaupt noch wichtig?" fragte ich schließlich in neuem Eifer.

"Das muss es."

"Warum?"

"Sonst hätte ich nicht solang darob gegrübelt."

Einer gewissen anerkennenden Zustimmung konnte ich mich nicht erwehren und stemmte, die Seesterne im seichten Wasser anstarrend, die

Hände in die Hüfte. Mir fröstelte leicht, nicht zuletzt wegen dem feinen Sprühnebel.

"Und wenn's nun nicht mehr wichtig ist?"

"Was ändert das?" entgegnete er.

"Sie könnten anderes tun." schlug ich ihm mit einem Achselzucken vor.

"Warum?"

Darüber hatte ich nachzudenken, entschied jedoch, dass dies in Ordnung ginge, da meinem Gegenüber die Zeit nicht davon zu rennen schien. Im Hafenbecken kam das Knarren der am Pier verbliebenen Auflieger einem Orchester gleich, welches vom Winde dirigiert wurde. Kurz ließen sich meine Gedanken von den Seepocken auf Wangen und Stirn des Betagten ablenken.

"Es könnte wichtig sein." sprach ich schließlich. Wie das Aufbrechen von Nussschalen klang die reißende Salzkruste an seinem Hals, als er das Haupt so langsam wie eine Ankerwinde in meine Richtung rotierte und seine milchig trüben Augen an mich heftete. Dies und die kühle Abendluft waren Grund genug mich in eine Gänsehaut zu hüllen.

"Wie wichtig könnte etwas sein, über das ich noch nicht nachgedacht?"

Bevor ich eine Antwort entsinnen konnte, flog eine Möwe heran und setzte sich auf seinen Oberschenkel. Sie fand Gefallen an der Krabbe, welche sich noch immer in die starr verwitterte Hemdtasche zu zwängen versuchte und mit erhobenen Scheren zur Wehr setzte. Das Picken des Vogels entlockte dem versteinerten Gesicht nicht die geringste Reaktion. Als ich mich vom Schauspiel eines nur allzu natürlichen Überlebenskampfes dieser beiden so grundverschiedenen Geschöpfe lösen konnte, gestand ich ihm:

"Ich weiß es nicht."

"Warum weißt du es nicht?"

Erstmalig in dieser Unterredung war seine Stimme von so etwas wie einem klaren Tone gedüngt. Ich wurde bereits etwas müde und meine Augen schweiften immer wieder über den zerfurchten Spiegel, der endlos vor uns lag.

"Ich schätze, darüber habe ich noch nicht nachgedacht." brachte ich träge hervor.

"Warum nicht?" sprach der Alte nun zügiger und schien auf eine Antwort zu drängen. Seit unserer Begegnung vernahm ich jetzt das einzige Blinzeln des unnachgiebig auf mich drein blickenden Gestrandeten.

"Ich wollte auf etwas anderes hinaus." verteidigte ich mich mit lahmer Stimme, während ich die Zähne kaum mehr zum Reden auseinander bekam.

"Worauf?" seine neuerliche Unnachgiebigkeit und der plötzliche Elan ließen keinen Zweifel an seinem aufrichtigen Interesse.

"Das habe ich vergessen, fürchte ich." Ich versuchte es mir ernstlich ins Gedächtnis zu rufen, wobei ich vergeblich die schwarzen Wogen nach des Rätsels Lösung absuchte.

"Setz dich, denk in Ruhe darüber nach."

Grübelnd und abwesend tat ich, wie mir geheißen. Ich schaute aufs Meer und ließ meine Beine baumeln.

Die See umspülte meinen Hosensaum.

- *Tom Heinrich*

KRABBE

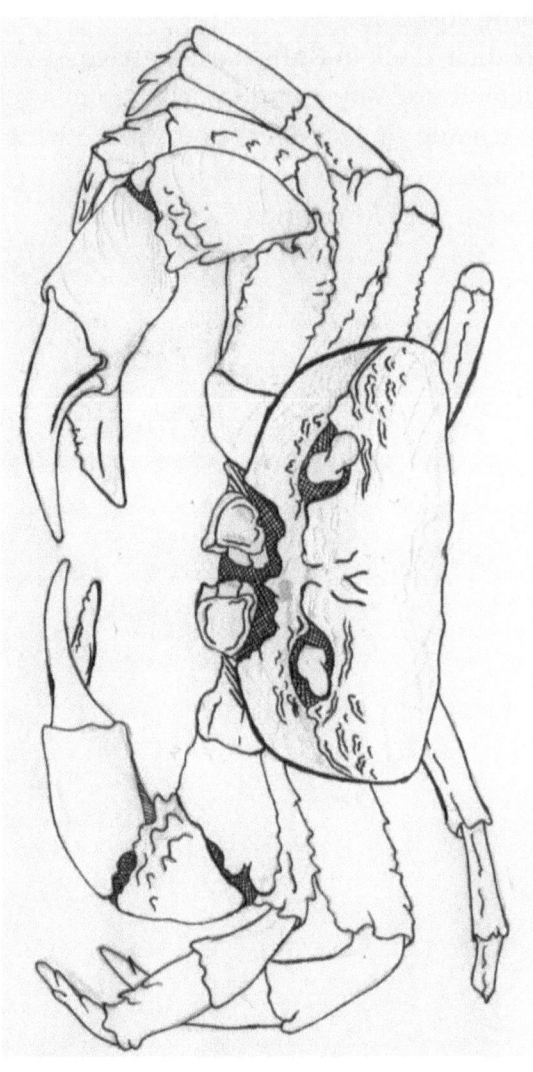

- *Till Heinrich*

QUALLE

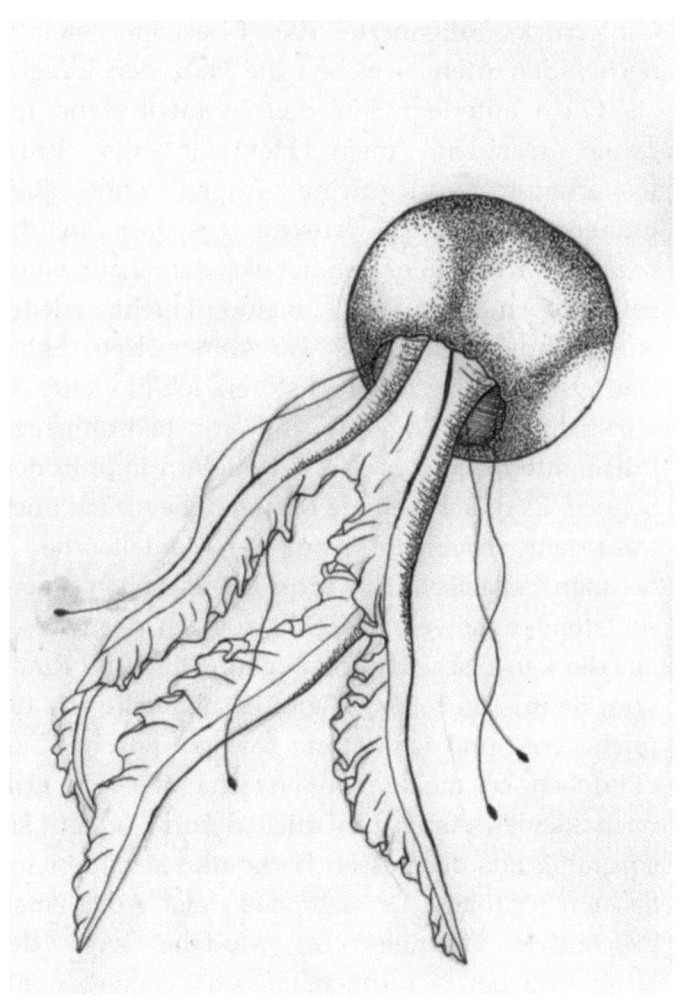

- *Till Heinrich*

Hinterrücks offenbarte die Eiseskälte meinen hechelnden Atem, welchen die Hatz den Lungen als Fluch auferlegt. Für den Moment stand ich ruhig, trotzdem mein Herz in der Brust weiterrannte und meine Augen ohne Rast umhersprangen. Ich lausche gespannt in die pechschwarze Stille, bereit bei jedem Laut einen Satz zu machen und meine Flucht wieder aufzunehmen. Doch da war keiner. Kein Spatz traute sich, meine Ruhe zu stören. Ich brauchte sie wirklich. Bitte. Zögernd und vor bedrohlichem Pulse zitternd glitt ich an der Kiefernrinde in den Schnee. Es dauerte einige Minuten, bevor ich mich traute eine Emailletasse aus der Manteltasche zu nehmen, so leise, als würde ich es neben einem schlafenden Löwen tun. Still zog ich das Messer aus der Gürtelscheide und begann Harz und Rinde vom Baum zu ernten. Er gibt es, als hielte er's für mich bereit und ich konnte bald ein ansehnliches Häufchen zu meinen Füßen schichten. Ich griff nach kleinen Ästen um mich herum, schälte sie sorgfältig aus der nassen Borke und schabte feine Späne herunter. Es sah aus, als wolle man geschnitzte Tannen für Modelle von der Krippenszene fertigen, um sie auf Weihnachtsmärkten feilzubieten. Nun lagen sie kreuz und quer übereinander, man möge meinen

Ameisen hätten in Eile einen behelfsmäßigen Scheiterhaufen für ihre Hexen erbaut. Mit steifen und schmerzenden Händen versuchte ich, einige Funken von meinem Mischmetallstab abzuschaben. Einige Anläufe waren nötig, bis mein Gebilde sich entzündete. Beflissen fütterte ich mein Flammenkind mit Reisig. Ich stellte meine Tasse dicht heran und befüllte sie nach und nach mit Schnee, welchen ich ohne Dreck zu greifen versuchte.

Hier bekommt sie mich nicht...sie wird in der Dunkelheit niemals nach mir suchen. Sogar ich hasse es hier, es ist einsam und kalt. Wenn ich doch nur nicht hier sein müsste.

Meine Arme waren ausgestreckt, die Hände über die Wärme gehalten, so als wollte ich mein Feuer erwürgen und zögerte noch. Penibel achtete ich darauf, meinen Mund nur wenig zu schließen, sodass meine von Kälte getriebenen Kiefer kein verräterisches Klappern durch das Unterholz schallen ließen. Und ob des Knisterns des verbrennenden Nadelgehölzes...will ich mir keine Gedanken machen.

Ich erfriere und niemand tut etwas dagegen. Warum bin ich nur so allein?

Als ich meine Finger wieder spürte, kramte ich in meiner Tasche nach einer kleinen Dose. Hastig schraubte ich den Deckel auf und schüttete etwas von dem würzig duftenden Pulver zwischen die aufsteigenden Perlen des siedenden Wassers. Der

Geruch der Brühe umnebelte mich. Mein Finger schmerzte, als ich im heißen Becher mit ihm herumrührte. Ungeduldig hob ich das Gebräu an die Lippen, verbrannte sie, meine Kehle weigerte sich erst die kochende Flüssigkeit zu schlucken und meine Zunge wurde taub und pelzig.

Diese Kälte…warum hilft mir niemand?

Die Kapuze meiner behelfsmäßig zur Robe gebundenen Decke hängt tief in meinem Gesicht, dem frostigen Wind zum Trotz, der mir in den Nacken zu krauchen versuchte. Mittlerweile schien der volle Mond auf die dunkelgrünen Nadeln und brachte den Schnee darauf, einem Diamantenmeer gleich, zum Funkeln. Immer wieder verließen meine Lider ihren Posten, fielen sanft wie Federn in ihre Betten auf meinen Jochbeinen. Mein Körper drückte sich gegen den rotbraunen Stamm, entglitt hinter den sich verführerisch räkelnden Flammentänzerinnen meines bescheidenen Feuers in die Traumsphären des Halbschlafes.

„Hallo?!"

Ich riss die Augen auf.

War es die Einbildung meiner Träume? Mein Kopf zuckte hin und her. Ich atmete nicht. Von meiner Wärmequelle waren nur geisterhafte Rauchschwaden geblieben.

„Wo bist du?"

Keine Einbildung! Sie kommt! Mitten in der eisigen Nacht! Im finsteren Wald!

Adrenalin flutete meine Adern und ich sprang auf. Versehentlich trat ich lautstark meine Tasse über den Boden. Noch benommen kämpfte ich mit dem Schmerz in meiner Brust. Wohin jetzt?

„Bitte komm heim!"

Der Widerhall kam von allen Seiten. Der Fluchtinstinkt überkam mich, blindlings hetzte ich einfach stur geradeaus. Unter meinen Sohlen knirschte das Weiß und grüne Peitschen schlugen mir um die Wangen.

„Bleib doch! Bitte!"

Tränen der Angst rollten mein Gesicht hinunter, ich schrie mich in Gedanken an schneller zu laufen. Auf einmal packte mich etwas am Fuße, ich stürzte schwer und schlug auf den gefrorenen Boden. Die Wurzel, diese Schlingfalle, mein Schicksal – der Knöchel war gebrochen. Sie kam heran, immer näher, bis der Mondschein ihre Züge deutlich vor mir enthüllte. Der weiße Schimmer brachte ihr goldblondes Haar zum Leuchten, es fiel ihr wellig über die wunderschönen Wangenknochen, wie Wasserfälle aus Seide. Darüber ruhten zwei strahlende Aquamarine, gegen welche jeder Edelstein wie gewöhnlicher Flint wirkte. Der Schwung ihrer zarten, roten Lippen bebte, als sie sich neben mir auf die Knie fallen ließ.

„Was machst du denn?"

Sie sprach mit ängstlicher Stimme.

Mit aufgeschürften Händen versuchte ich mich in den Boden zu stemmen, wegzukriechen. Wie sie mich ansah. Die helle Haut von der Kälte gerötet, ihre Hände ganz aufgesprungen und rau. Sie ist diese Temperaturen viel weniger gewohnt als ich, was tut sie hier? Ihre gletscherblauen Augen versprühten eine Wärme, die ihr nicht zu helfen vermochte. Ihr Wangen waren tränenfeucht und ihr Blick ruhte mitleidsschwanger auf mir. Ihr kleiner Körper zitterte.

„Ich habe dich überall gesucht. Wovor rennst du davon?"

Ich krampfte, gelähmt wie ein Kaninchen vor der Schlange.

Sie legte eine Hand in mein Genick und hob meinen Kopf, richtete mich behutsam auf und schob ihre Knie unter mich. Es wurde langsam wärmer, als sie ihre Arme um mich legte und mich an sich drückte. In langsamen Rhythmen wiegte sie mich sanft, legte ihre Wange auf meine Stirn und summte.

„Ich bin ja da, ich bin bei dir." flüsterte sie.

Langsam wich alle Spannung von mir und ich ergab mich meinem Schicksal.

- *Tom Heinrich*

KLEINE WORTE, GROßE SEHNSUCHT

Wenn du gehst, dann geht ein Teil von mir.
Bist du fort, habe ich schlimme Sehnsucht nach dir.

Es ist, als würde mir das Glück genommen,
Geborgenheit und Wärme sogleich zerronnen.

Fühl mich wie eine Kerze ohne Licht,
ein dünnes Glas, das leicht zerbricht.

Klinge wie Musik, nur ohne Ton,
bin umsonst, wie Arbeit ohne Lohn.

Bin ein Puzzle, dessen Teile fehlen, ohne die sich nie ein
Bild ergeben. Bin ergebnislos, ausgebremst und schwer,
wie mein Portemonnaie, einfach leer.

Komm schnell wieder und bring mir was mit, eine
Umarmung, einen Kuss, meinetwegen einen Arschtritt.

Ist mir alles egal, solange du mich schnell wieder in die
Arme schließt, ich dein Herz schlagen höre, du mich
wieder Grinsen siehst,
weil ich die glücklichste Frau bin, wenn du mir sagst,
dass du mich liebst, weil du mein Traum bist und ich
jeden Augenblick mit dir genieß.

- *Tessa Siebenstern*

OSTSEE

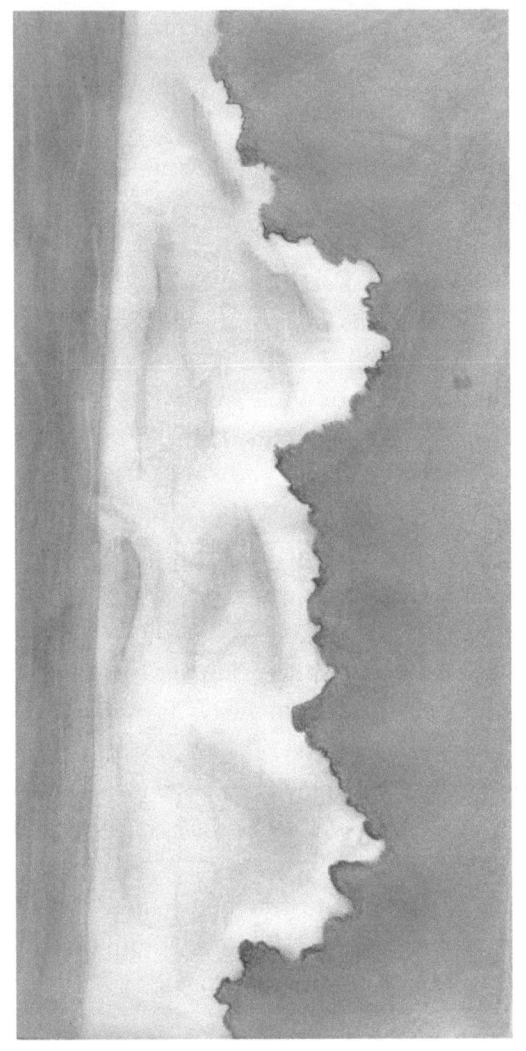

- *Till Heinrich*

GEWITTER

Der Tag war brennend heiß,
verbrühte jeden klaren Gedanken.
In der Luft lag Spannung,
immer mehr und mehr Energie.

Dann ging die Sonne unter, wunderschöne Töne
am Himmel zu sehen.
Farben erstrahlten den Horizont,
Vögel verstummten langsam.

Nun wurde es Nacht, die Sonne verschwand,
in die ewigen Tiefen am Horizont.
Ein Wind zog auf, erst lau, dann stärker,
dann peitscht er mit strammer Kraft.

Die ersten Tropfen fielen vom Himmel,
ich sah hinauf und sie trafen meine Haut.
Eiskalt im Vergleich zur Luft herum,
ließen sie mich mit einem Kribbeln zurück.

Langsam und aus tiefer Ferne,
vernahm ich ihr erstes leises Aufatmen.
Kleine feine Lichtimpulse ließen mein Herz
höherschlagen.

Sie wurden immer lauter, deine Rufe aus dem
Himmel.
Immer deutlicher zu sehen, dein mächtiger Schein.

Nun bist du über mir,
du wunderbare Erscheinung der Natur.
Unberechenbar und wunderschön
demonstrierst du deine Kraft.

Dein Grollen lässt mein Herz aussetzen.
Der Knall, er klingt nach Ewigkeit.
Was sind wir doch für kleine Wesen hier,
so unscheinbar und unbedeutend im Angesicht
deinesgleichen.

Erdest mich und verdeutlichst mir,
du bist die Mutter der Natur.
Verehre dich und deine Macht,
es gibt keinen Gott, es gibt nur dich.
Du bist das Ganze, du bist die Kraft.

-    *Tessa Siebenstern*

BREATH

- *Tessa Siebenstern*

AUSSORTIERT

Aussortieren und abserviert. Wie ein
ausgelatschtes Paar Schuhe stehe ich nun in der
Ecke und warte darauf, wieder von dir getragen zu
werden.
Nein, man trägt mich nicht mehr zu schönen
Anlässen. Man trägt mich auch nicht mehr um gut
auszusehen oder tanzen zu gehen.
Ich werde dann herausgeholt, wenn du kurz und
bequem reinschlüpfen willst. Kurz und bequem.
Einfach ins Gewohnte reinstiefeln und loslaufen.

Aber war ich nicht immer da? Ich habe dich
überall hin begleitet. Auf deinen steinigsten
Wegen und schwersten Anstiegen habe ich dich
getragen und gestützt.
Nun bin ich abserviert und aussortiert.
Du hast nun neue Schuhe.

- *Tessa Siebenstern*

- *Tom Steffenberg*

AUSGETROCKNET

So, wie du deine Zimmerpflanze erst dann gießt,
wenn du meinst, dass sie kurz vorm Austrocknen
steht, so wirfst du mir ein bisschen Liebe hin,
wenn du siehst, wie ich eingehe. How dare u, mich
so zu behandeln, wie deine arme, traurige
Zimmerpflanze?! Nun ja, eines haben wir
gemeinsam. Wir bleiben trotzdem bei dir, denn
wir haben Wurzeln geschlagen und hoffen darauf,
dass der Frühling wiederkehrt.

- *Tessa Siebenstern*

HOCHWASSER

Lass den Kopf nicht hängen, wenn du bis zum
Hals im Wasser stehst. Die Welt wird schon nicht
untergehen...

Oder doch? Keine Ahnung, wir werden mal sehen!

Lassen es doch täglich drauf ankommen, statt das
Ruder rumzureißen. Aber kannst du dir das Boot
denn überhaupt leisten?

Gib mir all dein Geld und ich verspreche dir, dich
im Meer zu versenken. Tut mir leid, aber dir wird
niemand Gedenken.
Du kommst ganz woanders her, deshalb bist du
weniger wert.

- *Tessa Siebenstern*

ZIEHEN

Lass uns zieh'n.
Ich brauche Nikotin.

Lass uns zieh'n.
Endlich zieh'n,
weil ich doch so süchtig bin.

Ich will mir eine anzünden,

doch ein Sturm zieht auf.

Mein Feuer, es geht immer wieder aus.

- *Tessa Siebenstern*

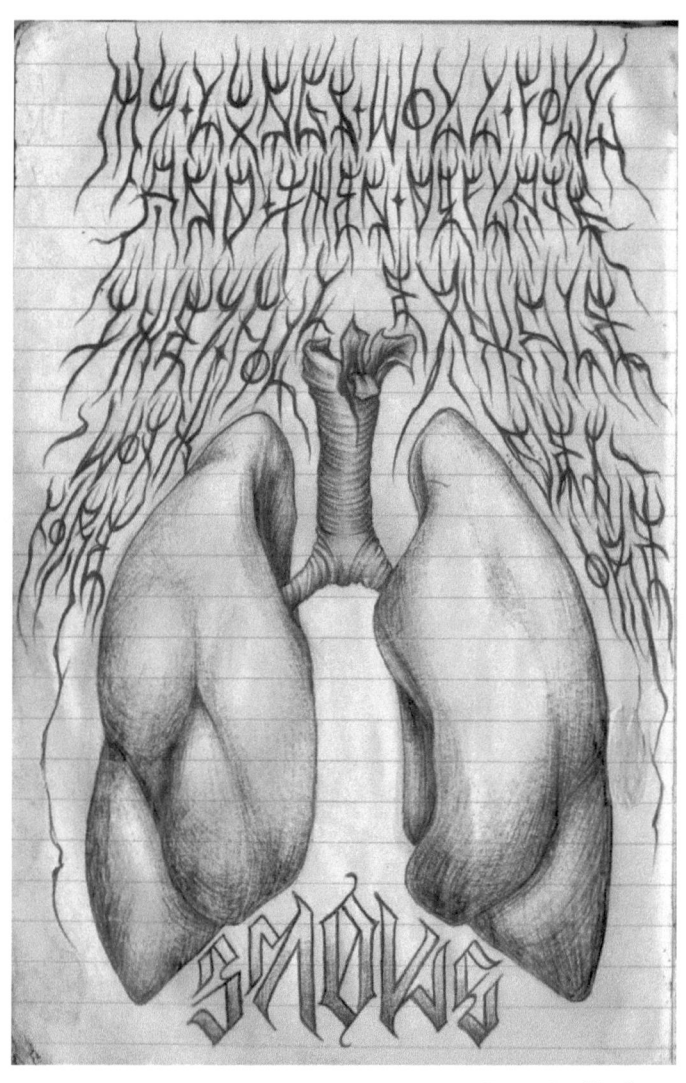

- *Tom Steffenberg*

Geld nennt man heute Knete, weil man damit
jeden weich bekommt.
Alle hier sind doch käuflich, doch niemand erfüllt
seine Pflicht.
Hässlich hier, aber weißt du was?
Leg n Filter drüber, davon wird die Welt gleich
schöner.

-   *Tessa Siebenstern*

DAY BY DAY

Und jeden Tag verlieb ich mich ein bisschen mehr
in dich.

Komm wieder her und dreh dich nochmal um.
Kann dich so nicht sehen, der Anblick bringt mich
beinahe um.
War viel zu kurz, die Zeit die wir gemeinsam
hatten.
Hilf mir, meine Emotionen endlich abzuschaffen!

Es tut schon weh, dich weggehen zu sehen. Bitte
bleib jetzt einfach stehen.
Mit jedem Schritt, den du dich entfernst, brichst du
mir mehr und mehr das Herz.

Und jeden Tag verlieb ich mich ein bisschen mehr
in dich.

- *Tessa Siebenstern*

IN HEAVEN

When you're gone, the time stands still.
I love you and I always will.

A dark shade lays down on me.
I think it was very hard to be
the one, who was always the strong.
I know the life have to go on.

Anytime we will meet again,
anywhere in heaven then.
I hope you are happy where you are,
I feel you close but you are so far.

The memories will last forever.
Will I forget you? I will never.
You will always be a piece of my heart.
Doesn't matter, if you're apart.

You will always stand by my side,
the star at nightsky which's shining so bright.
And when I look up to feel you near,
I know I feel you and you're here.

Anytime we will meet again,
anywhere in heaven then.

I hope you are happy where you are,
I feel you close but you are so far.

When you're gone the silence comes,
I feel sick and my mind runs.

When you're gone, a part of you will stay here.
We remember you with our tears.

Anytime we will meet again,
anywhere in heaven then.
I hope you are happy where you are,
I feel you close but you are so far.

-   *Tessa Siebenstern*

MASOCHIST

Lief ich des Nachts durch Schneegewitter,
kaltes Eis brannte in meinen Augen.
Die schnellen Kristalle schnitten meine Haut, sie
tun es gut. Ich tu es auch.
Donnergrollen rollt durch die Nacht, wie ein Riese
eine zarte Blume zerdrückt. So zerquetscht das
Grollen auch mich hier draußen, durchzieht mich
durch Mark und Bein.
Es quält mich, drückt mich, schneidet mich, doch
ich will noch nicht heim.

-   *Tessa Siebenstern*

SÜCHTIG

Mach mich nichtig,
mach mich süchtig,
ramm mir dein Messer in meinen Bauch.
Quäle mich und mach mich glücklich, was ich will
das willst du auch.

Zieh mich hoch,
häng mich auf,
ich nehm alle Schmerzen gern in Kauf.
Schlag mich, frag mich, wie viel ich von dir
brauch.

Bind mich fest,
schmeiß mich weg,
wenn ich auf blutigen Knien krauch'.
Schneid mir die Adern auf und küss mich, ächtze
ich mit leisem Hauch.

Fick mich hart,
wiege mich sanft,
spüre wie jeder Muskel in mir verkrampft.
Liebe dich nur wenn du mich hasst,
trag sie für mich, die schwere Last.

-    *Tessa Siebenstern*

SONNENMOND

Eiskalt und doch fast verglüht,
versuch mich zu schützen vor deiner Macht.
Hoffnungslos und doch sehr bemüht,
loszuwerden, was du mir einst gebracht.

Wenn es draußen dunkel ist,
weit und breit kein Funken Licht mehr scheint,
dann zeigst du dich, so wie du bist,
so oft habe ich versteckt geweint.

Bringst Unheil über mich und alle,
schelmisch grinst du von oben herab.
Dein Licht wie eine Fliegenfalle,
alle menschlichen Insekten hineingetappt.

Du bist wunderschön, doch so gefährlich,
wer dir zu nah kommt, verbrennt sich an dir.
Du zeigst mit Lügen, offen ehrlich,
ist alles verschwunden, bist du noch hier.

So zauberst du seit Anfang an,
gaukelst ihnen Geborgenheit und Wärme vor.
Seit unzähligen Jahren glauben sie daran,
schicken dir Hoffnung und Gebete empor.

Du bist falsch wie eine Schlange,
dein Strahlen auch nur Lügenschein.
Durchschaut man dich, dann Angst und Bange,
deine Seele ist nicht rein.

Sonnenmond, oh Sonnenmond,
täuschst vor und änderst schnell Gestalt.
Mächtig, magisch, bringst den Tod,
scheinst wärmend süß, doch bist bitterkalt.

-    *Tessa Siebenstern*

DUNKEL

Ich laufe nachts durch leere Straßen,
im Deckmantel der Dunkelheit,
bekomme eigene Gedanken kaum zu fassen,
weil es auch in meinem Herzen schneit.
Die flüchtigen Lichter ziehen rasch an mir vorbei,
alles fühlt sich so schnell vergänglich an.
Meine Beine tragen mich, doch sind schwer wie
Blei,
Emotionen rasen weiter, ich greife sie und hänge
mich ran.

Die kalte Luft kühlt meinen Kopf,
bin ständig nur im Dauerlauf,
suche ihn, den einen Knopf,
schaltest mich an, jetzt schalt mich aus.
Böse Gestalten versuchen mich zu kriegen,
sie tun mir weh, ich habe Angst!
Will schneller sein, will endlich fliehen,
schmerzhaft, wenn du um deine Liebe bangst.

Ja die Sonne versteckt sich nunmehr seit Wochen,
Tag für Tag stürzt etwas ein,
Kerze um Kerze, abgebrannt, erloschen,
könntest du nur bei mir sein.
Ein Teil von mir, der Wichtigste,

ist grad woanders auf der Welt,
der andere Teil, der Nichtigste,
verliert sich dabei und zerfällt.

Das Unwetter in meinem Haupt,
schürt starken Sturm in meinem Herzen,
der ganze Körper ausgelaugt,
jeder Tag hier ohne dich bringt neue Schmerzen.

Sag, wo ist der Sommer, wo ist mein Licht?
Gerad noch so hell gewesen wie noch nie.
Bitte Hoffnung, stirbt noch nicht,
n'abandonne pas, c'est la vie.

Bitte komm zu mir zurück,
vertreibe Unwetter und die bösen Gestalten,
als du gingst, ging mit dir mein Glück,
ich falle, bitte komme mich halten.

Heb mich auf und meine Teile,
wir setzen uns wieder zusammen,
wenn wir unsre Herzen erneut vereinen,
erneuert sich was einst vergangen.

-    *Tessa Siebenstern*

Ich habe Angst davor, vorm Spiegel zu stehen,
mir selbst in mein Gesicht zu sehen.
Was ich da sehe, Produkt von Unsicherheit,
Unsicherheit wie die Zeit sie schreibt.
Nicht gut genug für irgendwen, niemals auch nur
ausreichend.
Bin egoistisch, masochistisch, eine Missgestalt,
weitreichend.

Ich glaub dir nicht, wenn du mir sagst, dass du
mich doch so gerne hast.
Kenn mich selbst und mag mich nicht, hab schon
genug Zeit mit mir verbracht.

Was ich will, ist glücklich sein,
was ich lebe, gespielter Schein.
Unfähig zu behalten, was mir durchs Leben
gnädig gegeben,
kann's nicht halten und nicht schätzen, kann mir
dafür nicht mehr selbst vergeben.

Konstrukt von Negativität und Zweifel, dem
großen Hass auf das kleine Ding,
so bin ich nicht fähig zu begreifen, dass ich
wirklich ich selbst bin.

Verachtung für die eigene Unsicherheit,
minderwertig, weil zu dumm zu sehen,
was du mir hast zu Füßen gelegt, was ich mir jetzt
lasse entgehen.
Chancen verspielt und Karten gelegt, irgendwann
muss ich mir eingestehen, dass das Problem nur
bei mir liegt, und nicht bei irgendeinem Anderen.

Peinlich so zu existieren, schäme mich für mein
eignes Sein,
vergib mir meine Sünden bitte, werde keine Last
mehr sein.

- *Tessa Siebenstern*

VOM WIND VERWEHTE
SELBSTGESPRÄCHE

Es gab eine Zeit, in der wir ganz woanders
schwebten.
Fernab jeglicher Realität, ganz weit über den
Dingen.

Du sahst mich an, als wäre ich der einzige Mensch
auf Erden,
wie der Mittelpunkt deiner tiefsten Wünsche und
Träume.

In jeder deiner Berührung steckte so viel
Leidenschaft, bin beinahe umgekommen aus
Gefühlen zu dir.

Jedes Wort war gesät mit Liebe und Glück, so
möge eine wunderschöne Blume aus unserer
Verbindung wachsen.

Sah dich an und schaute in meine Zukunft, in
deinen Augen spiegelte sich jeder meiner Träume.

Du sagtest wunderschöne Dinge, hast mein Herz
berührt. Gabst mir Hoffnung in das Leben,
Hoffnung in mich selbst.

Habe deinetwegen nach Jahren in der Dunkelheit
wieder Licht gesehen, so strahlend und gleißend
wie noch nie zuvor.

Du erzähltest mir wie sehr du mich magst und ich
glaubte dir jedes Wort, weil ich wusste es war die
Wahrheit.

Habe mich noch nie so wertvoll gefühlt und so
geliebt. Habe gehofft es könnte auf immer so
bleiben.

Doch wie soll ein neuer Blumensamen wachsen,
wenn er unter einem alten, kranken Baum steht.
Zu wenig Licht dringt zu ihm durch, das Laub des
Baumes einfach zu dicht.
Verdurstet fast an Sehnsucht, weil die großen,
alten Wurzeln das meiste Wasser ziehen.

Kaum eine Chance für das kleine Blümchen, jemals
wirklich groß zu werden.

Nicht die richtigen Beschaffenheiten zum Wachsen
einer neuen Blüte, vielleicht der falsche Ort oder
die falsche Zeit.

Doch es gab nur diese eine Chance, der Samen
dort gelandet wo der Wind ihn hintrug.

So kämpft das kleine Blümchen jeden Tag um Licht und Wasser.

Hofft, dass es irgendwann leichter wird und aufblühen kann, in all seiner Pracht und Schönheit, dort wo der Zufall es hintrug um glücklich zu werden.

- Tessa Siebenstern

DREI DINGE

Manchmal bin ich mit meinem Kopf alleine und
nur bei mir, ich will gar nicht so funktionieren wie
ihr.
Deine Meinung, meine Meinung, eine Meinung ist
keine Meinung.
Es ist bestimmt keine böse Absicht, es ist nur
Dummheit und Hass an sich.

-   *Tessa Siebenstern*

Mein Fahrrad quietschte durch die Nacht. Nur mein spärliches Lenkradlicht zeigte mir ein paar Meter des Weges. Und der Mond, der schwach zwischen den Alleenbäumen schien. Schlangenlinie um Schlangenlinie schlug ich zwischen den langen Schatten. Der Mittelstreifen verschwamm unter meinem kleinen Lichtteppich, wurde geradlinig, bis er wieder verschwamm, so wie es ihm gefiel.

»Ich kann immer fahren«, hatte ich noch souverän den besorgten Gesichtern meiner Kumpels gesagt. »Egal, wie viel ich getrunken habe«. Die waren, im Gegensatz zu mir, schlau genug gewesen, den Bus zurück in die Stadt zu nehmen. Hätte ich mal das gleiche getan oder zumindest das letzte Schnapsgläschen dankend abgelehnt. Der Lenker wackelte, der Boden war uneben, oder wackelte ich? Warum schaffte ich es nicht, »Nein« zu sagen? Glas auf Glas, um es hinterher zu bereuen. Lag es an den Blicken, die sich tiefer und tiefer in meinen Rücken gebohrt hatten? Es war nicht das erste Mal gewesen, dass ich ständig angestarrt wurde, als hätte irgendwer im Vorfeld schlecht über mich geredet, ein Gerücht verbreitet.

Eine Kuh übertönte das Quietschen meines alten Fahrgestells, übertönte meine Gedanken.

War das wirklich eine Kuh gewesen? So spät in der Nacht? Hier, wo doch keine Weide war?

Das Tier schrie. In unmittelbarer Nähe, als stünde es direkt neben mir. Doch der Schrei war viel zu tief für eine Kuh. Eher der Schrei von einem Ochsen, einem Stier. Schmerz lag in ihrer Stimme, eine Bedrohung lag in ihrer Stimme. Ein entlaufenes, krankes Tier. Ich fuhr schneller, umfasste den Lenker mit verkrampften Fäusten und bremste abrupt. Ich konnte gerade noch so einen Sturz verhindern. Vor mir, nur einige Meter entfernt, sah ich eine Silhouette. Mitten auf dem Weg. Sie bäumte sich auf, machte sich größer und größer. Sie hob den Kopf. Es konnte keine Kuh sein und auch kein Ochse, es war viel größer. Ich rieb meine Augen. Wie viel hatte ich getrunken? Was war im Alkohol gewesen, hatte jemand böswillig etwas in den Krug gegeben, eine Substanz, die mich halluzinieren ließ? Ich nahm nur langsam die Hände von den Augen. Die Silhouette stand noch immer da, breit wie ein Felsen. Es bewegte sich. Sein Kopf wurde vom Licht des Mondes erfasst. Ein Horn, zwei Hörner, die wie gebrochene Arme in den schwarzen Himmel ragten. So lang und dick wie Äste. Stand vor mir nun doch ein Stier, ein Ochse, gar ein Büffel? Aber nur ... viel größer! In meiner Brust schlug es wild, jeden Schlag konnte ich bis hinauf zum Hals spüren. Zwei Augen, rot wie der Kern von Feuer, starrten mich an. Der Kopf hatte die

Größe eines LKW-Rades. Es schnaufte, seine Nüstern weiteten sich zu schwarzen Löchern, dann wieder dieser gequälte Laut, der keinem Tier auf dieser Welt zuzuordnen war. Das Tier schüttelte sich, dichtes Fell, das sich aufplusterte, ich konnte es hören, es klang wie das Ausschütten von Bettlaken. Gequälter Laut, den Blick wieder auf mich gerichtet, ein Blick, der eine Angriffslust ausdrückte. Ein reißender Strom floss durch meine Gliedmaßen. Etwas kratzte auf der Straße. Dann erkannte ich, dass es sein Huf war. Alles in mir schrie nach Flucht. Doch ich war wie gefesselt, wie gebannt. Meine Arme zitterten, ich drückte die Gummiüberzüge meines Lenkers noch fester, zerquetsche sie beinahe wie kleine Käfer. Das büffelartige Tier senkte seinen Kopf, die Hörner zeigten auf mich wie bedrohliche Schwertspitzen. Mit einem Sprung preschte es los, rannte auf mich zu! Ich riss meinen Lenker hoch und drehte mit Schwung das Fahrradgestell, stolperte fast. Ich sprang auf beide Pedale und strampelte sofort los. Die Fahrradkette knackte im Stakkato. Ich keuchte. Ich strampelte, sein Grunzen direkt hinter mir, ich meinte sogar, das feuchte Schnaufen im Nacken spüren zu können. Seine Hufe kratzten über den Teer, immer näherkommend, ich trat schneller, Bäume huschten vorbei, mir wurde schwindelig, ständig rutschte ich vom Weg ab, eine Schlange angestachelt durch Todesangst. Dort, eine Abzweigung, ich riss mein Lenkrad mit solch einer

Wucht nach links, dass ich fast umkippte. Ich wusste nicht, wohin dieser Weg führte, es war mir egal, ich musste weg. Hinter mir knirschten Steine, knackte das Geäst. Gleich hatte er mich, hatte *es* mich, tierisches Schnaufen. Schneller! Der unbekannte Weg führte holprig bergab. Ich erreichte eine Lichtung, hier waren Laternen. Das schwarze Wasser des Flusses tat sich vor mir auf, ich riss mein Lenker nach rechts; das Rad kreischte wehleidig. Hufe kratzten, so nah, so gefährlich. Ich warf meinen Kopf nach hinten, seine Feueraugen waren direkt hinter mir, Feueraugen, die mich böse anleuchteten, die sich in Pupillen einbrennen könnten, sähe man zu lange hinein. Grünlicher Schleim tropfte aus seiner monströsen Lefze. Ein Erdloch vor mir, zu spät, um auszuweichen. Wasser spritzte, ich flog über den Lenker und knallte seitlich auf den harten Boden, Schmerz durchfuhr meine Hüfte. Seine steinernen Hörner spießten das Fahrradgestell vor meinen Füßen auf. Ich drückte mich ab und rutschte mit dem Hintern weg von ihm. Das Büffeltier wirbelte den Rahmen durch die Luft wie ein Jagdtier seine Beute. Gleich wird er mich zerfleischen, meinen Körper wie mein Rad durch die Lüfte reißen. *Renn, renn, renn!* Ich sprang auf. Ich rannte, stolperte, fiel auf meine Knie, um mich kurz darauf wieder aufzurappeln, ich hörte ein Platschen, das Fahrrad, das nun mit dem Flussstrom mitgerissen wurde. *Renn, renn, renn.* Ich warf mich hinter einen dicken Stamm und versteckte mich in der Dunkelheit. Konnte nicht atmen, konnte nicht atmen, mein Hals pochte, ich schmeckte Metall auf meiner Zunge. Wie konnte das alles sein? Ich musste irgendwo auf dem Weg liegen und betrunken vor mich hinträumen.

Mit einem Auge lugte ich am Baum vorbei. Es streifte mein Versteck, blieb im Schein der Laterne stehen und warf einen Schatten, der bis zum Fluss reichte. Wilde, heftige Schläge in meiner Brust. Es sah sich um, suchte mich, suchte seine Beute. Tiefes Schnaufen. Was sollte ich tun? Oh Gott, steh mir bei. Das Tier lief langsam am Ufer hin und her, das Schleichen des Todes. Es konnte hier keine Büffel geben! War das überhaupt ein Büffel? Mit solch monströsen Beinen, langen, dicken Hörnern, feuerroten Augen, die Augen eines Tollwütigen. Ein Untier, ein Dämon aus der Hölle.

Mit zittrigen Fingern holte ich mein Handy hervor, kein Empfang. Ich drückte auf die Fotofunktion und schaltete den Blitz aus, sonst würde er mich entdecken. Am Ufer waren Laternen, das würde ausreichen. Ich wusste nicht, was ich vorhatte. Einen Beweis? Ein Beweis für mich, für andere? Dass ich nicht verrückt war? Mit Vorsicht hielt ich das Handy auf den Weg vor meinem Versteck, hielt die Linse auf den vierbeinigen Riesen und hielt die Luft an. Ich drückte den Auslöser, und zog meine Hand rasch zurück. Das Handy fiel mir aus den zittrigen Fingern, ich durchwühlte das feuchte Laub, achtete darauf leise zu rascheln. Als ich es gefunden hatte, studierte ich meine Aufnahme:

Nur der Weg vor dem Fluss war zu sehen.

- *Felixz Eckstein*

Berni, das ging alles schon einmal flotter. Wie ein verunfallter Kartoffelkäfer liege ich auf der Gymnastikmatte und rede mir selbst Mut zu. Die strammen Waden auf dem grünen Pezziball schwanken wie ein Fischerkahn auf offener See. Nur gibt es hier keinen stürmischen Wind. Okay, vielleicht Gegenwind von der etwa zehn Meter entfernten Saftbar. Ich höre und sehe das Getuschel und Gekicher der Mädels, bauchfrei mit mehr oder weniger definierten Bauchmuskeln, mit Eiweißriegeln und Energydrinks in der Hand. »Man ist, was man isst«, rufen sie mir zu. Oder trinkt, denke ich. Isotonische Elektrolyt-Getränke mit Gurke-Minze oder anderen exotischen Sorten. Finde deinen Lieblingsflavor!

Dafür, dass ich hier ungewollt zu ihrer Erheiterung beitrage, wünsche ich ihnen eine fiese Muskelzerrung. Das geht schnell, wenn man beim Personaltraining mit verliebt aufgerissenen Augen und Schmollmund nicht ganz konzentriert bei der Sache ist.

Apropos konzentriert. Meine Beine kippen nach rechts vom Gymnastikball und sofort spüre ich ein Ziehen in der Leiste. Ein leiser Schmerz, der mich aber nicht auf die Seite zwingt. Mein Bauch ist einfach zu dick, hat zu viel Gegengewicht.

Rückenlage. Verunfallter Käfer. Da haben wir es wieder.

Wie komme ich jetzt nach oben, ohne großes Aufsehen zu erregen?

»Herr Berger, kann ich Ihnen aufhelfen?« Völlig aus dem Nichts taucht Tom, der junge, durchtrainierte Personaltrainer neben mir auf. Hinter ihm sein Girlie-Fanclub.

»Das schaffst du nicht, Tom. Oder brauchst du heute noch eine Extra Large Trainingssession?« Gekicher. »Du bist, was du isst!« Ein Augenzwinkern, dann ziehen sie feixend ab. Ich höre Worte wie Fetti und Buttergolem und presse meine Lippen fest aufeinander. »Nimm's nicht persönlich«, sagt Tom.

Ich bin nicht sensibel. Vielleicht ein bisschen. Die Mädels haben recht. So fit wie früher bin ich nicht mehr. Zeiten wie die von Tom hatte ich auch. Aber die sind vorbei. Aus kraftvoller Power wurde benommene Schwermütigkeit. Nur bei ihrem Lieblingsslogan »Du bist, was du isst« haben sie unrecht. Denn auf meinem Teller landet kein Fast Food. Aber wen interessiert das schon? Ich bräuchte auch kein Fitnessstudio. Bei meiner Arbeit als Steinmetz gibt es genug Arbeit, die mich am Abend müde ins Bett fallen lässt.

Aber da ist Nina, die kleine, fesche Arzthelferin, die immer wieder meint, ich müsse unter Leute. »Schäme dich nicht, Berni! Du bist viel mehr als dein Körper. Raus mit dir, zeig es den jungen Hühnern!«, sagt sie immer, wenn ich ihr von meinen Erlebnissen im Fitnessstudio erzähle. Und sie hat recht. Ich ernähre mich gesund, meditiere, tue Gutes und – bin leider fett und einsam.

Früher war das Sportstudio mein zweites Zuhause. Früher! Wie das klingt. Ich bin 42. Zu alt für die Muckibude? Zu alt für das Leben?

Zu alt und zu fett für irgendetwas – für alles halt. Langsam rolle ich mich nun doch über die Seite auf den Bauch, blicke zum Boden, will gar nicht wissen, ob mich jemand beobachtet. Jetzt das Gewicht auf die Knie, die Unterarme fest in den Boden und hoch in den Vierfüßlerstand. Gerade will ich den rechten Fuß aufsetzen, um mich nach oben zu drücken, da haut mir jemand die flache Hand auf den Po. Erschrocken schaue ich mich um, sehe eine der jungen Sportlerinnen. »Masse, statt Klasse. Da musst du noch etwas üben, Berni«, sagt sie mit einem gefühlt abwertenden Zwinkern. Mein Blut pulsiert gegen die Schläfen. Wut und Enttäuschung kochen auf und ich versuche, tief zu atmen. Tief ein und aus, ein und aus, ein und …

Als ich es endlich nach oben geschafft habe, stecke ich mein übergroßes, tarnfarbenes T-Shirt in den Hosenbund. Leider kaschiert es nur wenig. Dafür ist der Spruch darauf ein klares Statement: Berlin killt mich! Nicht Berlin, sondern oberflächliche, übergriffige Menschen, die mich auf mein Aussehen reduzieren.

Ich setze mich auf die Steppbretter ans Fenster. Aerobic war noch nie meine Leidenschaft. Aber zu irgendetwas sind diese Trittdinger dann doch noch gut. Ich muss nicht an die Bar, den Mittelpunkt des sportlichen Epizentrums. Dort geht es nicht um Fitness, nicht um Gesundheit, es geht darum, gesehen zu werden.

Mein Hals ist staubtrocken, ich habe Durst. Soll ich doch meine Wasserflasche füllen gehen? Aber Tom und seine Mädels trainieren direkt daneben im Hantelbereich.

Komm, Berni! Du wirst dich doch nicht von diesen pubertierenden jungen Dingern ins Bockshorn jagen lassen. Auf und los! Ich schnappe mir meine Wasserflasche und tapse zur Bar. Wie ein kleiner Bär. Ein großer – ein großer, ziemlich dicker. Aber mein Gott, den kalten Winter würde ich überstehen.

Ich fülle meine Flasche und trinke voller Genuss. Das kalte Wasser gurgelt durch die ausgetrocknete

Kehle und bringt Leben in meinen müden Körper. Genug für heute! Ab unter die Dusche!

»Sie sind neu hier?«

Ich drehe mich um und blicke in tiefbraune, warme Augen. Eine Frau, vielleicht Ende 30, mit legerer Sportkleidung. Eine auffällig unauffällige Schönheit. »Nicht neu, hatte nur eine längere Pause.« Von drei Jahren, denke ich, und nicke ihr zu. »Und Sie?«

»Neu! Ich bin Julia.« Auch sie nickt und reicht mir die Hand. Wir müssen lachen.

Da höre ich das Getuschel von gegenüber.

»Nisch mehr so janz neu, wa?«

»Generalüberholt.«

»An der Bar seid ihr am richtigen Platz, zu mehr reicht's nicht.«

Gejohle.

»Berni, mach sie klar. So 'ne Chance kommt so schnell nicht wieder.«

»Eieiei, der dicke Bernie und Lumpenlieses Tochter!«

Jetzt reicht es! Ich stehe auf und gehe zum Zentrum der pubertären Heiterkeit. »Gibt es ein Problem?«

»Ein Gewichtiges!« Tom haut sich auf die Oberschenkel, setzt dann aber wieder sein gekünsteltes, professionelles Lächeln auf. »Lass gut sein, Bernie. Du bist vielleicht nicht der

Sportlichste, aber du hast sicher andere Qualitäten.« Wieder dieses Zwinkern.

Wenn heute noch einmal jemand zwinkert, brennt der Baum. »Das Gefrotzel deiner oberflächlichen, spöttelnden Mädels, Tom, lassen wir mal so stehen. Aber dir hätte ich mehr Grips zugetraut. Ja, ich bin fett, aber stärker als du allemal.« Warum lasse ich mich gerade auf dieses Niveau herab? Mann, Mann, Mann, Bernie! Aber was sein muss, muss sein. Ich zeige auf die Langhantel. »Wie viel?«

»90 Kilo«, sagt Tom mit stolz geschwellter Brust.

»Pack das Doppelte drauf!«, fordere ich und lege mich auf die Bank.

Toms Augen schauen mich fragend an. »Lass gut sein, Berni! Du verletzt dich. Das war nur Spaß.«

Mein fester Blick spricht Bände. Es gibt kein Zurück. Es ist totenstill im Raum. Auch die Girlies halten sich erschrocken die Hand vor den Mund. Einzig Julia tritt neben Tom hinter die Langhantel. »Du schaffst das!« Ich atme tief durch und stemme beim Ausatmen das Gewicht nach oben. 21, 22, 23 – geschafft!

Ungläubiges Kopfschütteln. Julia jubelt und drückt mir in ihrem Übermut ein Küsschen auf die Wange. »Du starker Bär!« Sie lacht.

Wir gehen zu den Umkleiden.

»Genug für heute. Bis Freitag, Julia! Wenn du magst.«

»Natürlich.« Sie umarmt mich zum Abschied.

»Gleiche Welle, gleiche Stelle.«

Ich fühle mich kraftlos, aber ausgesprochen beschwingt. Ja, der Krebs hat mir zugesetzt, die Chemo und das Cortison meinen einst muskulösen Körper verquollen. Der stärkste Mann der Welt wollte ich werden. Habe Medaillen und Pokale gewonnen. Gold beim olympischen Gewichtheben war mein Traum. Aber erst hier am Boden durfte ich lernen, dass nichts im Leben umsonst ist.

- *Nicole Pfeiffer*

-   *Tessa Siebenstern*

Ich bin Künstler, auf unterschiedlichste Weise.
Mit mir und meinem Körper geh ich auf
anstrengende Reise.
In mir sprudelt es und ich hab das Gefühl, ich
muss schreien, trotzdem sitz ich ruhig und bin
leise.
Ich bin so leise, dass man den sprudelnden
Kochtopf nicht einmal bemerkt.
Das Wasser steht zwar auf dem Herd und ist am
Kochen, doch der Topf ist zu hoch.
Die eisernen Mauern übertönen und verstecken
die Geräusche.
Ich täusche mich und die anderen - aus Angst.
Meine Bilder sprechen für mich.
Sie sagen das, was ich nicht schaffe in Worte zu
fassen.
Meine Kunst ist mein Hilfeschrei.
Meine Werke aber bleiben im geheimen, versteckt
vor den Augen meiner Liebsten.
Sie sind mein Geheimnis und werden gut behütet.
Umso mehr ich Male, desto schwieriger wird es,
sie für mich zu behalten.
Der Platz ist begrenzt und fast ausgeschöpft.
Ich will, kann aber nicht.
Es ist egal, ob man es mir verspricht.
ANGST - Meine Angst.
Sie ist groß und überzeugend.

Sie sagt mir etwas und ich glaube, ohne zu
hinterfragen.
Wobei ich versuche, den Händen, die über mir
ragen, zu glauben.
Sie sahen meine Kunst und wussten darum. Sie
fragten mich nicht einmal warum.
Sie sahen, verstanden und fanden mich toll wie ich
bin.
Sie gaben mir, was ich brauchte und meinen Sinn.
Sie helfen mir und wollen meine Kunst nicht mehr
verstecken.
Sie lieben sie mit all ihren Kanten und Ecken.

Ich bin Künstler
und mein Körper meine Leinwand.
Mein Pinsel eine Klinge,
sodass meine Kunst nie mehr verschwand.

- *Emily Joy Wehlert*

K / EIN MITEINANDER

Jetzt stehen wir hier.
Und warten mit großer Neugier,
auf das, was nun auf uns zu kommt.
Es ist nicht ganz klar,
wo wir wann stehen.
Ob wir überhaupt stehen
oder sitzen bleiben.

Sitzen bleiben, in dem Sinne,
dass wir unser Lebensmotto nicht verändern,
unsere Einstellung behalten
und unsere Augen verschlossen halten.
Dass wir aus Fehlern nicht lernen
und diese nicht verbessern.

Wie sollen wir auch nicht nicht sitzen bleiben? Uns
wurde die letzten 10 Jahre eingetrichtert, dass
Fehler falsch sind.
Wenn es also keine Fehler gibt,
die wir machen,
wie sollen wir aus ihnen lernen.

Dass aus uns nur was wird,
wenn wir unsere Fehler nicht zeigen
oder den nächsten Test nicht vergeigen, haben wir
öfter gehört, als „räum dein Zimmer auf".

Wir mussten betrügen, lügen und uns kaputt
machen,
um in euer System reinzupassen.
Doch gepasst haben wir nie.

Die unzähligen Gespräche, bezüglich unseres
Verhaltens, unserer Einstellung.
Die Einstellung, die euch nie gefallen hat,
die wir ändern sollten, aber nicht ändern wollten.
Wir sind uns treu geblieben,
haben versucht uns selbst zu lieben.

Viele von uns haben sich selbst verloren,
als Lohn aber wurden sie auserkoren,
der oder die nächste große Politiker*in zu werden,
die sie dann verehren.

Generation grenzenlos nennt man uns,
die Generation, der alle Türen offen stehen.
Die, die unzählige Möglichkeiten hat
und eure Zukunft sein wird.
Die Zukunft, die ihr für uns bestimmt,
weil wir zu jung sind,
um zu wissen, was wir wollen,
aber alt genug, um zu sagen,
was wir unser gesamtes Leben machen sollen.

Widerspruch über Widerspruch.
Sagen wir was, sind wir unhöflich,
sagen wir nichts, sind wir selbst schuld.

Und wieder sind wir der Fehler,
der Fehler, der nie existieren sollte,
der totgeschwiegen und weggelacht wird.
Ich und manch anderer, der hier in dieser so
komplizierten Welt rumirrt, hat Angst vor dem,
was kommt.

Wir leben nur für euch
und stellen unsere Bedürfnisse hinten an.
Wir versuchen die zu sein, die ihr wollt.
Euch näher zu kommen.
Aber ihr seid gerastet.
Gerastet in euren alten Mustern von früher,
aus der Zeit, wo es wenig Möglichkeiten gab.
Ihr seid nicht bereit, euch an uns anzupassen.
Wir sind jetzt nicht bereit, uns an euch
anzupassen.

Ihr seid sitzen geblieben.
Sitzen geblieben in dem Sinne, dass ihr euer
Lebensmotto nicht verändert,
eure Einstellung behalten
und eure Augen nie geöffnet habt.
Dass ihr aus euren Fehlern nicht lernen wolltet
und diese nicht verbessert.
Wir sind gleich, aber trotzdem so verschieden!

-   *Emily Joy Wehlert*

-   Tom Steffenberg

ICH BIN PERFEKT

In einem Raum, gefüllt mit Leuten, bin ich allein.
Einsam und hoffnungslos eingesperrt,
in mir nichts, als wäre ich geleert.
Meine Fantasie liegt neben meinem Optimismus
im Müll.
Ich greife nach ihnen, bin aber zu weit entfernt.
Die Leute im Raum hindern mich.
Sie stehen mir im Weg und sehen mich nicht.
Sie hören mich nicht und kennen mich nicht.
Ich bin da, ohne da zu sein.
Was ein Schein.
Er ist so groß und grell,
verdeckt mich schnell und versteckt alles, was
nicht gesehen werden soll.
Somit ist es nicht schwer, meine schönen Seiten zu
präsentieren, ohne dass welche petzen oder gegen
mich hetzen.
Ich wirke unangreifbar, vollkommen und vor
allem - perfekt.
So perfekt, dass sie mich hassen.
Der Hass, entstanden aus ihrem Neid und
gefüttert mit meiner Lüge.
Sie hassen mich, weil ich so wirke, wie sie gerne
wären.
Verständnis dafür hab ich,
doch ausgesucht hab ich es mir nicht.

Jeglicher Versuch MICH zu sehen blieb aus. Meine
Fehler und Zweifel unter Verschluss im Haus.
Im Dunkeln ist es unscheinbar
und gar nicht wirklich klar,
welches Chaos sich im Licht verbirgt.
Es wächst unaufhaltsam und zerstört das zum
Schluss verbliebene Schöne.
Ich selbst kröne mich mit dem Award, sich am
besten zu sabotieren.
Die Chance aufzuräumen, hab ich verschenkt,
in Gedanken versunken, aber ohne, dass ich denk.
Ich starre in die Leere und hab mich verloren.
Stillschweigend lächelnd, als wäre ich gefroren.
Perfekt zu wirken ist eine Last.
Eine Last für mich und eine Last für andere.

Meine kleine Lüge am Rand
ist ausgebrochen in einem riesengroßen Brand.
Er fing an im Kopf von mir und schwang über zu
Freunden und Bekannten und wurde so wild wie
ein Tier.
Gestartet bei einem Missverständnis und geendet
im Chaos.
Täter unabsichtlich ich.
Ich, weil ich nicht zu mir stand.
Ich, weil ich nicht zugab.
Ich, weil ich nicht stark genug war.
Ich, weil ich mir keine Hilfe gesucht hab.

-   *Emily Joy Wehlert*

SCHLECHTER ALS EIN
WASSERGLAS

Erwartungen zu entsprechen, die nicht erreichbar
sind, ist anstrengen und zukunftslos.

Ich sag ja bloß.

Versuch einmal Wasser in deinen Händen zu
halten, länger als 5 Minuten.

Es ist schwer, aber nicht unmöglich. Jetzt wirst du
ausgelacht und mit missbilligenden Augen
angestarrt. Das, was für dich anstrengend und
fordernd war, ist für ein Glas machbar. Das Glas
ist gut darin, Wasser zu halten. Ob es zwei, drei
oder sogar vier Stunden sind, gar eine Woche ist
nicht schwer.

Dann kommt irgendein Möchtegernkritiker daher
und zweifelt an dir, weil du nicht das schaffst, was
andere können. Was ein Glas, welches nichts außer
Wasser halten kann, schafft.

Der Vergleich zwischen einem Wasserglas und
einem selbst ist absurd. Zwei so unterschiedliche
Dinge zu vergleichen ist schwachsinnig und
wertlos.

Angenommen es gibt einen zweiten Vergleich,
zwischen einem Glas und einem selbst.

Es ist egal, ob es schwimmen, singen, tanzen,
reden oder lachen ist, man selbst wäre immer der
Gewinner. Warum?

Eine Qualität beschreibt nicht einen Menschen. Es ist das Zusammenspiel vieler Talente und Unvollkommenheiten.
So bunt wie die Gezeiten und genauso einzigartig.
Es ist egal, wie lange wir dafür kämpfen,
wie lange man versucht, das zu sein, was man nicht ist,
es läuft schlussendlich aufs Gleiche hinaus.
Man verliert den Kampf.
Bevor man versucht, sich zu verbiegen, um so gut zu sein, wie ein anderer oder ein Glas,
sollte man an seinen Talenten arbeiten, ohne jemanden anzuleiten, wie man sich verändert, um sich selbst zu verlieren.

\- *Emily Joy Wehlert*

Ich sitze da und starre ins Nichts.
Allein auf dem Dach eines Hauses, mein Blick
hoch zu den Sternen.
Es ist bitterkalt.
Meine Hände fast wie Eis.
Ich will nicht lügen, ich hab Angst.
Meine Gedanken verschwimmen in das
Unbekannte. Dahin, wo nie jemand ist und sich
alles verändert.
Meine Seele kapselt sich ab.
Sie flieht vor dem echten Leben. Es ist hart und
schmerzvoll.
Das Unbekannte ist leer und emotionslos. Es ist
einsam, aber unbeschwert.
In der Realität der heulende Wind.
Im Unbekannten die Totenstille.
Nichts von beidem kann mich halten.
Ich, so schwer wie die Erde selbst, bin haltlos und
schwirre umher.
Rastlos suche ich einen Platz.
Ich suche meinen Platz.
Doch auch wenn die Sonne am helllichten Tag
scheint, steh ich im Dunkeln.
Versteckt vor meinem Wunsch, tauche ich ab.
Umso länger meine Reise ist, desto weiter entferne
ich mich.
Von mir. Vom Leben.

Dem Tod nie so nah, lauf ich immer weiter, ohne zu realisieren, dass das mein letzter Weg sein kann.

Meine Seele auf der Suche.

Mein Körper im Überlebenskampf.

Die eisige Nacht dringt zuerst durch meine Hand, dann durch meinen Arm, immer tiefer in mich rein.

Mein Puls rast. Das Adrenalin durchströmt meinen gesamten Körper.

Unmögliches ist möglich.

Ich, zur gleichen Zeit lebendig und tot.

Entscheiden kann ich mich nicht.

Zurück in die laute, unangenehme Realität oder allein für immer im Unbekannten?

Beides nicht das, was ich will, geschweige brauch.

Ohne bewusst zu entscheiden, sitz ich wieder da.

Mein Blick immer noch auf den funkelnden Sternen.

Nichts im Leben ist kostenlos. Der Preis fürs Leben, ein Teil von mir. Dazu ein Souvenir für die Ewigkeit.

Mit jedem Zurückkehren sterbe ich innerlich.

Langsam aber kontinuierlich.

Stück für Stück, un/freiwillig.

-    *Emily Joy Wehlert*

Sie saß in der Bahn und schaut aus dem Fenster.
In ihrer Hand die Pillendose, eine Mischung aus
dem Apothekerschrank ihrer Eltern.
Sie öffnete die Dose und schluckte.
Du weißt, dass du das verdient hast.
Die Worte gefüllt von dem Gefühl des Hasses und
des Schmerzes.
In der einen Hand die Dose, in der anderen eine
Scherbe.
Immer und immer wieder hört sie diese Stimme.
Immer und immer tiefer dringen die Gefühle in sie
rein.
Ihre Atmung wird schneller und ihr Puls steigt.
Ihr Herz pocht unaufhörlich, bis sie es nicht mehr
spürt.
Sie schluckte noch eine und noch eine.
Um die Gefühle zu hemmen, schnitt sie sich.
Ihr Blick immer noch nach draußen gerichtet.
Das Erhoffen, dass es endlich aufhört, trieb sie in
den Wahnsinn.
Sie schnitt und schluckte, bis es aufhörte.
Übrig blieben 2 Tabletten.
Dazu kamen 8 Schnitte.
Auf ihrer Hose Blutflecken und in ihren Augen
Tränen.
Regungslos starrt sie ins Nichts.
Für einen Moment steht alles still.

Sie ist frei und alles um sie herum verstummt.
Der Augenblick ihrer Befreiung.
Das Geräusch der schließenden Türen weckte sie.
Ruhig und gelassen schwirrte sie bis zu diesem
Zeitpunkt irgendwo umher.

Sie saß in der Bahn und schaute immer noch aus
dem Fenster.
Ihre Augen gefühllos und voll Schmerz.
Sie weiß, was sie getan hat.
Es war nicht das erste Mal.
Ihre Reise war noch nicht vorüber.
Sie sitzt in der Bahn und wartet.
Wartet auf den Kampf, den sie gleich führt.
Sie steigt aus und läuft.
Plötzlich, aber damit gerechnet, wird ihr schlecht.
Sie hat das Gefühl, von innen heraus gefressen zu
werden.
Sich vor Schmerz krümmend, geht sie zu Boden.
Ihre Hände fest um den Bauch gedrückt, hofft sie
auf den Tod.
Die Qualen sollen aufhören, wünscht sie sich.
Du weißt, dass du das verdient hast.
Und schon wieder ist sie da.
Sie wird lauter und aggressiver.
Neben Beschimpfungen, verhindert sie das klare
Denken.
Ihr Gedanke, die Erkenntnis, dass sie ihr eigener
Mörder ist.

Eingeschränkt in ihrer Bewegung, greift sie in die Tasche.
Sie will noch nicht sterben, sagt sie sich und wählt eine Nummer.
Das einzige, was sie klar von sich gibt, ist „HILFE"
Und Dunkelheit.

- *Emily Joy Wehlert*

SPLIT

-   *Tessa Siebenstern*

SHAPE OF ME

There's this feeling I get when I see you walk by.
I can't describe what it is, so I won't even try.
But when we talk to each other and stand eye to eye,
my heart beats a lot faster and jumps higher as high.

Your smile makes me shiver,
as I get drunk of jealousy,
in the witness of this beauty,
that will never be with me.

My tears build up a river,
that you'll surely never see.
In the distance just the echo,
of the shape that once was me.

-    *Elisa Day*

SEASONS

There's this aching in my chest,
this harmful feeling in my breast.
Everything's so different from what it used to be,
summer breeze – the smell of memory.

-    *Elisa Day*

ENGRAVED

You brought light into my life,
you were my flame,
you kept me burning,
and now you´ve taken what you gave.
I´m not the same,
I just keep hurting.

- *Elisa Day*

DECISION

If I would leave tomorrow,
pack all my bags and go,
no letter to receive for you,
no sweet last kiss to blow.

Would you indeed feel sorrow?
Deal with anxiousness and fear?
Or by any chance start thinking
about why I´m not still here?

If you´ll lend me your attention,
for a second, maybe three,
I will let you see inside me,
and you may borrow that from me.

So put yourself in my position
and try to envision.
Why I can´t stop my inner fight and instead push
my criticism,
why I might start my own mission.

The world turns around,
never caring what I feel.
Never making any movement,
to let me know if this is real.

-    *Elisa Day*

HANDJOB

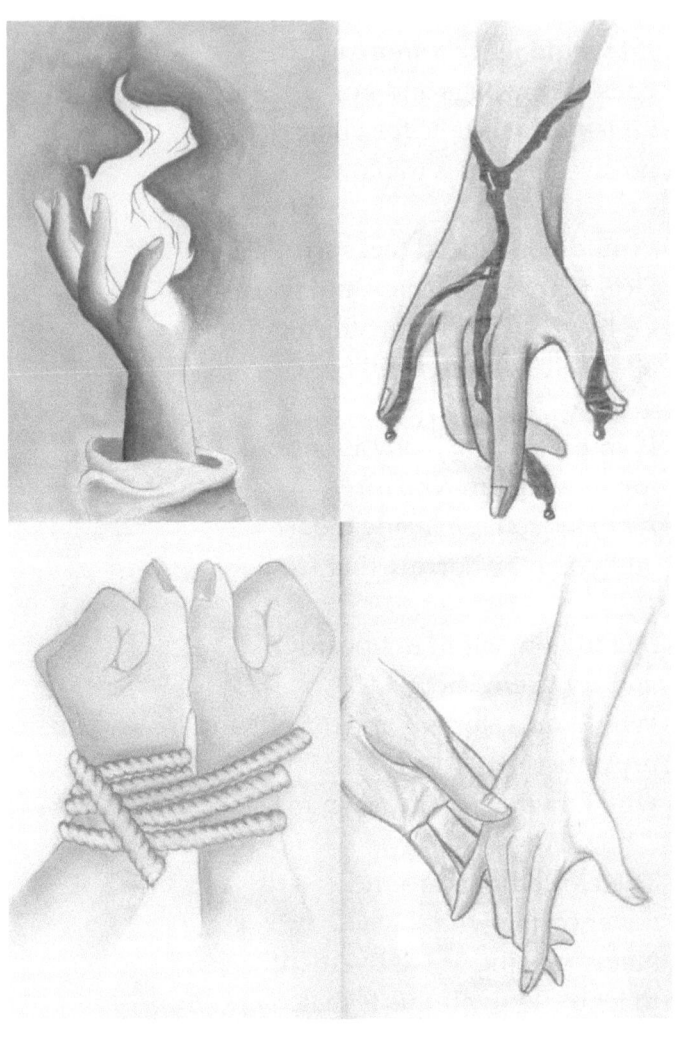

-   Till Heinrich

DER STOFF, AUS DEM ABENTEUER GEMACHT SIND

Ein kleiner Fisch lebte im Herzen Englands - in London. Er war etwas anders als die anderen Fische, die bei ihm lebten. Er träumte von mehr als nur davon, immer im Kreis zu schwimmen. Tagein, tagaus. Er träumte davon eine große Reise zu machen und die Welt zu sehen.

Eines Tages fasste er den Entschluss, dass es heute soweit sein sollte. Aber wie sollte er ohne Wasser überleben? Und barg die Großstadt nicht große Gefahren? Aber er entschloss sich, mutig zu sein und durchstöberte eifrig seine kleine Schatztruhe nach den Dingen, die er auf seiner Reise brauchen könnte. Schließlich war er soweit. Nur noch ein kleiner Talisman - eine glänzende, silberne Fischschuppe aus Glas -, den ihm einst seine innig geliebte Großmama geschenkt hatte, fehlte noch. Er durchsuchte alles, sah wirklich überall nach, doch die Schuppe blieb verschollen. Er entdeckte nur, verborgen unter einem Stein, ein weiches, orangefarbenes Stöffchen und er entsann sich, dass es wohl eine Art Kostüm sein musste. Er hatte schon ein ums andere Mal Menschen in so etwas herumlaufen sehen und obwohl er sich nie ganz sicher gewesen war, was der Zweck des Ganzen sein sollte, hatte es ihn sehr fasziniert. Was das Kostüm, das er entdeckt hatte, allerdings von denen der Menschen unterschied, war, dass es viel kleiner war und auch recht unscheinbar aussah. Aber er fand es schön und erstaunt wurde ihm bewusst, dass es genau seine Größe zu haben schien.

Er streifte es sich über und es passte ihm perfekt.

… Aber mit Entsetzen erkannte er, dass er nun nicht mehr richtig atmen konnte, so wie es für ihn sonst unter Wasser kein Problem dargestellt hatte. Voll Panik machte er einen Satz und sprang so hoch, dass er aus dem Wasser herausschnellte. Und was war das? Er konnte wieder atmen. Er sprang ans Ufer und blieb erstaunt und schwer atmend dort sitzen. Das Kostüm war kein gewöhnliches Kostüm - es hatte ihn verwandelt. In der glitzernden Wasseroberfläche erkannte er sich nicht wieder. Was er sah, war nicht sein Spiegelbild, sondern - wie hatte er die Menschen einmal sagen hören? - Ein „Kongoru"?! … Naja, so ähnlich jedenfalls.

Tatsache war jedoch, dass er nun problemlos über Wasser atmen konnte. Und nach einigem Herumexperimentieren fand er heraus, dass sich das sonderbare Kostüm mit einiger Mühe auch wieder aus- und dann auch wieder anziehen ließ. So konnte er nun an Land und im Wasser ohne Probleme atmen und überleben und war gewappnet für das große Abenteuer, das ihm bevorstand.

-   *Elisa Day*

Till Heinrich

VERMISSEN

Müde.
Ich bin so müde.
Der Tag war lang, hab viel gemacht,
doch immer nur an dich gedacht.
Dir nachgeweint und dich vermisst
und Angst gehabt, dass du vergisst.

Jetzt hab ich Angst davor zu schlafen,
denn im Traum seh ich nur dich.
Will dich greifen, fühlen, küssen,
dich nicht länger missen müssen.
Ich bin so müde.
Müde.

-   *Elisa Day*

-    *Tom Steffenberg*

GEDANKEN AN EIN ANDERES LEBEN

Ich fühl mich so wertlos, so kraftlos und leer.
Wo kommt das nur her und wo führt das hin?
Ich finde in nichts mehr einen Sinn,
ich will weg von diesem Ort.
Einfach weit weit fort.
Dahinreiten - eintauchen in die unendlichen
Weiten der Buchseiten.
In eine weit entfernte Welt,
ohne Leid und ohne Geld.
In eine Fantasiewelt - hier bin ich endlich mein
eigener Held.

- *Elisa Day*

- *Lea Rünger*

Herr Winter hat mit Gott gesprochen. Heute Nachmittag gegen vier, als der Sturm seinen Höhepunkt erreicht hat. Danach ist er nach draußen gegangen, hat sich auf die Straße gestellt und in den Wind geheult.

Jetzt sitzt er auf seinem Doppelbett mit zwei Matratzen, von denen nur eine bezogen ist. Die andere hat gelbe Flecken, ist durchgelegen und stinkt nach alten Socken.

Inzwischen weiß ich, dass ich auf dem alten Schaukelstuhl in der Ecke sitzen darf, während er zu mir herüberstarrt und ein Pape durch die Finger gleiten lässt. Die Heizung steht auf fünf und gurgelt leise vor sich hin. Hin und wieder gibt der Stuhl ein Winseln von sich und hinter mir klackert das Fenster im Wind. Herr Winter möchte nicht, dass es geöffnet wird. Er sagt, die Leute draußen reden über ihn. Wenn es offen ist, könne er hören, wie sie säuseln und schmatzen und lachen, während sie immer wieder zu seinem Fenster hochsehen. Deswegen trieft die Luft von Pommesfett und Masturbationsschweiß und der fädige Rauch von mindestens drei Tagen hängt unter der Decke.

„Was hat Gott gesagt?", frage ich und überschlage die Beine, damit er mir nicht in den Schritt schielt.

Sein Blick schweift zu dem Jesusbild, das über dem Fernseher hängt. Die Ecken des Papiers sind mehrfach durchlöchert und darunter ist die Wand bestimmt noch weiß.

Er hört auf, die Zigarette zu drehen.

Herr Winter ist fünfundzwanzig, bezieht Hilfe vom Sozialamt und raucht Zigaretten ohne Filter. Er hat entweder gute, schlechte oder spezielle Tage. An den guten Tagen schaut er Kinderserien auf seinem fünfundsechzig Zoll Fernseher, bis ihm die Augen austrocknen.

An den schlechten Tagen versinkt er tief im Selbstmitleid, ruft mich dreimal pro Schicht an und erklärt, warum man in dieser Welt nur etwas wert ist, wenn man mindestens einen Porsche besitzt. Dann spricht er über Selbstmord und verschwindet in blassen Kindheitserinnerungen.

Irgendwann geht er von hier fort, sagt er. Dann wird er seine Sachen packen, die letzte Müllermilch austrinken, die leere Flasche zu den anderen auf dem Sideboard stellen und still und heimlich verschwinden. Irgendwohin aufs Land. Da wo es ruhig ist und man dem Gras beim Wachsen zusehen kann.

Und manchmal hält er sich selbst für Gott. Als sei er nie von einem Koks-Trip runtergekommen. Das sind dann die speziellen Tage. Frau Lorenz meint, man erkenne das daran, dass er nach geheimen

Codes in der Bibel sucht und Drohbriefe an Putin schreibt.

Frau Lorenz von der Behörde hat am liebsten ihre Ruhe. Trotzdem lädt sie mich manchmal zu sich nach Hause ein. Dort, wo es immer kalt ist, die Einrichtung von meiner Uroma sein könnte und alle Bücher verstaubt sind.

Wenn ich sie treffe, beschwert sie sich meistens über ihre Bezahlung, während sie sich einen Gin nach dem anderen einschenkt und Häkchen in enge Listen mit kleinen Buchstaben setzt. Mein erweitertes Führungszeugnis sollte ich nachreichen. Das war vor über einem Jahr.

Jetzt gehören die nächtlichen Besuche bei Herrn Winter zu meinem Lebensinhalt. Von Zeit zu Zeit erwische ich mich dabei, wie ich mich darauf freue, ihn wiederzusehen.

Das weiß Herr Winter natürlich nicht. Er denkt, ich arbeite hier nur, um mein Studium zu finanzieren und mir ein paar Mal in der Woche die Genugtuung zu gönnen, auf die Unterschicht hinabzusehen.

Er weiß weder, dass ich immer noch bei meiner Mutter wohne, noch dass ich bereits drei abgebrochene Studienversuche hinter mir habe. Er weiß auch nicht, dass ich den Freund nur erfunden habe, um seine wiederkehrende Hoffnung zu zerstören, wir könnten es auf seinem durchgewichsten Doppelbett treiben. So lange, bis ich irgendwann die andere Hälfte beziehe, um mit ihm in seiner verrauchten Kackbude zu versauern. Und was er am wenigsten weiß, ist, dass ich am liebsten herkomme, um mich in seinen Gedanken treiben zu lassen, die mich immer wieder an all die Dinge erinnern, die ich eigentlich vergessen will.

„Sie werden kommen, um mich zu erschießen", sagt er und zerbröselt einen Klumpen Tabak zwischen den Fingern. Er leckt das Pape an und dreht sich langsam eine Zigarette ohne Filter. Wenn man ganz genau hinsieht erkennt man, dass seine Hände beim Drehen immer leicht zittern.

„Wer wird kommen?", hake ich nach. Der Stoff meiner Jacke kratzt auf der Haut, aber ich will sie nicht ausziehen. Wenn ich sie ausziehe, denkt er, ich würde bleiben.

„Die Leute, denen ich noch etwas schulde. Vor einer Woche haben sie vor der Tür gestanden, schwer beladen mit Taschen voller Geld und zu meinem Fenster hochgesehen."

Er steckt die Zigarette an. Dann fährt er sich mit der freien Hand durch das schüttere blonde Haar und lässt weiße Schuppen auf seine schwarze Jogginghose rieseln. „Die wollten mir Geld anbieten. Massenweise Geld. Damit ich vertusche, dass ich für den Mord an Kennedy verantwortlich bin. Aber sie haben faule Gesichter und durchscheinende Körper voller Sinnlosigkeit."

„Den Mord an Kennedy?" Ich versuche, mich daran zu erinnern, wie lange das her ist, werde aber ständig vom Summen einer fetten Fliege abgelenkt, die immer wieder gegen das Fenster knallt. Ich frage mich, ob ich auch voller Sinnlosigkeit bin und denke an die ganzen unbeantworteten Nachrichten auf meinem Handy.

„Die wollen mich erschießen, weil ich zu viel weiß. Und weil ich Waffen an die Russen verkauft habe." Herr Winter steht auf und ascht auf den Fußboden. Er dreht sich einmal um die eigene Achse, als würde er nach etwas suchen und setzt sich wieder hin.

„Als ich kam, sagten Sie, Sie haben mit Gott gesprochen. Worum ging es in diesem Gespräch?" Ich fühle mich ganz gut, wenn ich versuche, professionell zu klingen.

„Um den Tod. Um das Leben. Um das Nichts, die kognitive Substantiviertheit des Vergänglichen. Um Transzendenz." Er hebt ein Kissen hoch und zieht die Fernbedienung darunter hervor. Dann sieht er sie kurz an und wirft sie wieder weg.

„Transzendenz?", frage ich. „Kann man das essen?"

Rauchfäden wabern in der Luft. Herr Winter drückt die Zigarette auf dem Kippenstummelhaufen aus, der aus der Bierdose quillt, die er als Aschenbecherersatz nutzt. „Woher soll ich wissen, dass Sie es nicht an die öffentlichen Medien weitergeben? Ihr seid doch alle gleich.

Sklaven des Kapitalismus. Gestern, die Alte im Fernsehen. Schön frisiert mit pinken Lippen." Er verdreht die Augen. „Alle tun so, als wären sie glücklich und trotzdem sind sie von innen nur faul. Und sie stinken." Er zieht das nächste Pape aus der Packung. Dann legt er es wieder zur Seite und pult an den ausgefransten Nagelbetten.

Er gähnt. Seine Augen werden schwer und trüb wie Milchglasscheiben. Manchmal sehe ich ihn an und merke, dass er ganz woanders ist. Dann habe ich Mitleid mit dem knochigen jungen Mann, der regelmäßig vergisst zu essen und die Wohnung nur zum Einkaufen verlässt. Meistens sitzt er hier, atmet schwarzen Tabak und trinkt Caipirinha aus Dosen.

„Basileia tou theou. Gottes Reich wird kommen." Er sackt zurück in sein Kissen. „Er wartet auf mich, hat er gesagt. Er wird die Leere mit seinem Licht füllen." Er sieht mich an. „Die Leere in Ihnen."

Ich verschränke meine Arme. „In mir?"

„Wenn ich durch Sie hindurchsehe. Da ist nur Leere. Manchmal schwarze Streifen."

Ich zucke zusammen. Schwarze Streifen auf meinem Pyjama. Nachts zähle ich sie, während sie sich verdoppeln und wie betrunkene Schlangen auf und ab bewegen.

„Der Tod ist wunderschön. Die Welt einfach ausschalten. Vielleicht ist Gott schon mal vorgegangen."

Manchmal schalte ich die Welt einfach aus. Gaboxadol löscht meine Träume und packt die Nacht in heimliches Vergessen. Irgendwann werde ich in meiner eigenen Leere ertrinken.

Wie es wohl ist, mit Gott zu sprechen?

„Vielleicht sind wir ganz allein hier."

Als ich aufstehe, wünsche ich ihm noch eine gute Nacht.

„Glauben Sie an einen Neuanfang?", fragt er.

Ich überlege kurz. Das Zimmer ist so vernebelt, dass ich den Jesus über dem Fernseher nicht mehr erkennen kann.

-   *Annika List*

- *Tom Heinrich*

Wenn ich die Augen schließe, verschwindet die Welt. Graue Blöcke, alte Strommasten und Graffiti lösen sich auf, zerbröseln und zerfallen in der Schwärze hinter meinen Augenlidern. Dass ich noch hier bin, weiß ich nur, weil ich den Wind hören kann, der in den Metallrohren heult und den Blechschrott hinter mir zum Klimpern bringt.
Letztes Jahr habe ich von Schmerz geträumt.
Wenn ich die Augen unter den Lidern bewege, durchzucken kleine Blitze meinen Körper.
So ähnlich hat er sich angefühlt. Kleine Blitze, bodenlose Abgründe. Ich stelle mir vor, dass Schmerz groß und rot ist und explosiv, wie ein Farbklecks auf einer weißen Leinwand.

Ich setze mich neben dich und fahre mit den Fingerspitzen über die rauen Bodenplatten. Unter dir ist der Boden grau und staubig.
Ich habe mich oft gefragt, wie Augen so blau sein können.
Zwischen den Platten sprießt Grün hervor, als versuche die Natur sich ihren Platz zurückzuerobern. Der Wind trägt den Geruch von verbranntem Holz und Beton und Zerfall heran.
Ich warte auf das Heulen der Sirenen.
Deine Faust ist geballt und deine Pupillen zucken in meine Richtung. Die Lippen zittern. Wenn du

versuchst Luft durch die geschwollene Kehle zu ziehen, klingst du fast nicht mehr menschlich. Röcheln. Dein ausgemergelter Körper steckt seit Tagen in denselben verranzten Klamotten. Die schwarze Hose, die nicht mal der Ledergürtel halten kann, der sich um deine knochigen Hüften windet und das grau-schwarz gemusterte Karo Hemd, das nach Zigarettenrauch, muffiger Kellerbude und zu vielen Stunden Overwatch stinkt.

Vor einer Woche habe ich von Angst geträumt. Sie war klein und dunkelblau und ist immerzu hin und her gesprungen. Ich wollte sie einfangen, doch sie war wie Rauch, der einem immer wieder durch die Finger gleitet, wenn man versucht nach ihm zu greifen.

Wolken ballen sich über den flachen Dächern, schwarze Berge hinter groben Stahlbauten. Durch deine Nasenlöcher bohrt sich ein silberner Ring, die Haare sind schwarz und grün über dem dunkelblonden Ansatz. Die Augen bleiben offen und hellblau, zucken im Takt deines Röchelns.
„Sie sind gleich da", sage ich und lege meine Hand auf dein Knie. Du blinzelst. Die kleinen, roten Äderchen in deinen Augen lassen das Blau noch intensiver wirken, ein bisschen zombieartig. Dein Gesicht ist dick und rot und geschwollen, deinem

Hals sieht man an, dass du nicht mehr viel Zeit hast.

Du hast immer gesagt, dass du es tun würdest, aber ich habe dir nie geglaubt. Stolz, entschlossen. Aber niemals leichtsinnig.

„Wenn es hart auf hart kommt, habe ich noch immer meinen ganz persönlichen Ausweg", hast du gesagt und mir zugezwinkert. Ich finde es schwierig, dich zu verstehen.

Aber Sätze, bei denen du zwinkerst, nachdem du sie gesagt hast, sind nichts als Hüllen von Bedeutungen, die miteinander die Plätze getauscht haben. Wie bei der Reise nach Jerusalem, wenn man am Ende nicht mehr weiß, auf welchem Stuhl man am Anfang gesessen hat.

Was wolltest du mir damit sagen? Dass du dich umbringst, sobald es schlimm wird? Dass du es behauptest, aber nicht tun würdest?

Du würdest es nicht tun, hat Lucy gesagt und den Lidstrich zum vierten Mal vom Augenlid gewischt. Das Tuch war schon schwarz und ihr rechtes Auge gerötet. Dann hat sie den kleinen Pinsel erneut angesetzt, doch die Hand, um deren Gelenk sich mindestens 10 Festivalbändchen wanden, zitterte immer noch. Der Strich verwackelte.

Lucy hat geflucht und den Pinsel gegen den Spiegel geknallt. Als sie sich dann umdrehte, war ihr Auge nicht nur gerötet, sondern nass von Tränen.

„Er denkt immer nur an sich", hat sie gesagt und dabei geweint. „Wie kann überhaupt jemand mit meinem dummen Bruder zusammen sein?"

Lucy meint, es sei leicht, du zu sein. Und, dass du einfach zu verwöhnt bist.

Mit dir zusammen zu sein, ist wie unter Wasser zu atmen. Eine Welt, in die man abtauchen kann und darin verharren, ohne zu ersticken. Die Hoffnung, deine Liebe reiche für uns beide. Dass sich auch nur für einen Moment alles ein bisschen weniger taub anfühlt.

Vorgestern habe ich von Traurigkeit geträumt. Sie hat sich angefühlt wie der Wind abends im Sommer, wenn wir draußen sitzen und Marshmallows an Spießen über die Kohlen halten, die vom Grillen mit deiner Familie übriggeblieben sind. Sie ist weiß und langsam. Groß und überall, wie Nebel. Die Traurigkeit hat sich um meinen Körper gewickelt, ich habe versucht hindurchzusehen, aber dahinter war alles verschwommen.

Du hast jemanden gebraucht, der dich rettet. Hast mich mit zu dir genommen, deine Arme um meinen Körper geschlungen und mich an dich gedrückt, damit ich die Wärme spüre.

Du hast meinen Nacken geküsst und bist mir durch die Haare gefahren. So lange, bis du dir einreden konntest, ich würde etwas dabei spüren.

Du hast dich an mich geklammert, in der Hoffnung, der Sturm würde vorbeiziehen. Weil ich der einzige Mensch bin, der nicht versucht, dich vor dem Ertrinken zu bewahren.

Ich wünschte, ich könnte bedauern, nicht mit dir untergegangen zu sein.

Lucy hätte dir niemals gesagt, dass sie sich Sorgen macht. Wenn sie nach unten kam und uns erwischt hat, wie wir nackt nebeneinander auf dem Sofa lagen, dein Zeigefinger um eine meiner Haarsträhnen gewickelt, das Lächeln auf deinen Lippen. Dann hast du nicht gemerkt, wie sich ihre Stirn gefaltet hat.

Du hast wahrscheinlich nicht mal gemerkt, dass sie reingekommen war. Genauso wenig wie du den Schimmel bemerkt hast, der in den letzten Wochen durch die Tapete gekrochen kam.

Man hat ihn nicht immer gerochen, nur manchmal zwischendurch, meistens beim Essen.

Wind weht mir die Haare ins Gesicht, die an den Mundwinkeln hängen bleiben. Nicht weit von uns entfernt liegt ein toter Vogel auf dem Asphalt. Der Wind schiebt sich unter die Flügel, weht die Federn von einer Seite auf die andere.

Deine Augen sind geschlossen. Das Blau liegt unter schweren Augenlidern, wie der Himmel, der von schwarzen Wolken verdeckt wird.

Ich lege die Hand auf deine Brust. Sie bewegt sich noch.

„Erinnerst du dich an das Katzenbaby?", frage ich dich, weil du mich nicht hören kannst. Du hast geglaubt, dass so viel Niedlichkeit mein Herz zum Schmelzen bringen müsse.

„Ich habe es ins Tierheim gebracht", erzähle ich dir. Dein Körper regt sich nicht. Nur die Augen zucken manchmal schwach unter den Lidern. Damals habe ich dir erzählt, es sei weggelaufen, um dich nicht zu verletzen. In Wahrheit hatte ich keine Lust Verantwortung übernehmen zu müssen.

An deinen nackten Unterarmen kriecht der Ausschlag empor wie ein wucherndes Gewächs, dazwischen zeichnen sich feine, rote Linien ab. Manche davon sind noch dunkel, andere werden bereits langsam weiß. Verblassen.

Als ich das letzte Mal von Freude geträumt habe, habe ich neben dir im Zelt geschlafen.

Wir hatten uns gerade erst gefunden. Du, der Junge aus dem Eisladen, der sich um die Mittagszeit hinter dem Tresen versteckt, um seine Blässe zu bewahren.

Ich, das Mädchen mit den roten Haaren und dem Pink Floyd T-Shirt.

Pink Floyd findest du gut, hast du gesagt.

Ich habe eine Kugel Erdbeereis bestellt und kurz darauf waren wir zusammen.

Eine Woche später haben wir auf den Treppen vor der Eisdiele gesessen, den Leuten hinterhergesehen, die vorbeigingen, während das Eis in den Waffeln geschmolzen ist.

Rote, schwarze, weiße Tropfen, die an den Fingern hinunterrinnen und alles klebrig machen.

Du hast ein paar davon aufgeleckt, die an meinen Knöcheln hinuntergelaufen sind.

Ein paar Wochenenden danach lagen wir Arm in Arm unter der hellblauen Zeltplane, die im Dunkeln schwarz aussah, und teilten uns eine kratzige Wolldecke.

Freude ist groß und leicht und wie ein Feuerwerk. Sie ist wie Raketen, die in die Luft schießen und in tausend Farben zerspringen. Und sie schmeckt nach Erdbeereis an einem heißen, aber nicht schwülen Nachmittag im Sommer.

Als ich aufwachte, habe ich darüber nachgedacht, wie es wohl gewesen wäre, auf eine der Raketen aufzusteigen und mit ihr zusammen im Himmel zu explodieren. Das nächste Mal wollte ich es versuchen. Aber ich habe seitdem nie wieder von Freude geträumt.

Ich liebe es, wenn du weinst. Wenn sich die Tränen in deinen Augen sammeln, sehen sie aus wie der tiefblaue Ozean. Ich stelle mir dabei vor, wie das ganze Meer aus deinen Augen fließt und wünsche mir, darin einzutauchen.

Manchmal bin ich zu ehrlich. Vielleicht sage ich dir zu oft, dass ich dich nicht liebe. Und dann schreist du mich an, dass das nicht stimmt. Dass jeder ein Herz hat. Und ich dich im tiefsten Innern eben doch liebe.

Du verstehst meine Welt genauso wenig, wie ich deine. Und dann weinst du. Und je länger ich nur in deine Augen blicke, mich in deinem Ozean verliere, desto heftiger tobt der Sturm darin.

Sirenen. Endlich. Noch ganz weit weg und zaghaft, aber auf dem Weg.

„Hörst du?", frage ich dich. „Sie kommen."

Vor nicht einmal einer Stunde hast du mir hier gegenübergestanden. Wieder der Ozean, der deine Wangen hinunterläuft. Haare, die schweißnass im Gesicht kleben. Die rechte Hand in deiner Hosentasche hat nach etwas gegriffen und wieder losgelassen. Ist nicht hervorgekommen.

„Allie, ich bitte dich. Ich liebe dich, ich brauche dich." Schluchzen und Finger, die nervös versuchen einander die Nägel abzureißen.

Wie sehr du dich in deine Verzweiflung hineinsteigern kannst.

„Sag, dass du mich liebst", hast du geschrien.

„Du weißt, dass ich das nicht kann."

„Tu doch nicht so verdammt cool! Du genießt doch richtig wie ich leide! Ich wette du brauchst das, mich so zu sehen!" Du bist auf und ab gegangen, hast die Haare aus dem Gesicht gestrichen, bevor sie zurückgefallen und an deinen Tränen kleben geblieben sind. Du hast die Nase hochgezogen und ein benutztes Taschentuch aus der anderen Hosentasche gezogen.

„Verdammt! Ist mir egal, was du tust. Aber zeige mir irgendwas, irgendein beschissenes Gefühl! Von mir aus hass mich, sei wütend, sei traurig, irgendwas!"

Du bist auf mich zugekommen, hast mich gestoßen. Mit diesem Blick in deinen Augen. Dem Wahnsinn. Du hast zu viele Gefühle.

Als du gemerkt hast, was du getan hast, sind dir wieder Tränen in die Augen geschossen.

„Dann bleibt mir nichts anderes mehr übrig."

Du hast die geschlossene Faust aus der Hosentasche gezogen.

Was so ein Haufen Erdnüsse alles anrichten kann.

„Tu das nicht", habe ich gesagt und versucht flehend zu klingen.

„Dann sag mir, dass du mich liebst."

„Ich kann nicht."

„Du bist eiskalt."

Du hast die Nüsse in deinen Mund gestopft, kurz gekaut und dann geschluckt.

Ein großes Auto mit lauter Sirene und grellen Lichtern fährt in den Industriepark ein. Die Überbleibsel der zerbrochenen Fensterscheiben im Containerhaus nebenan leuchten rot und blau im Wechsel. Du atmest nicht mehr. Der Krankenwagen stoppt und sofort schießen Menschen daraus hervor. Defibrillator, Elektroden und ein Stethoskop.
Ich strecke den Kopf gen Himmel und spüre das sanfte Kribbeln kleinster Tropfen, die aus den schwarzen Wolken fallen.

Letzte Nacht habe ich von Liebe geträumt.
Sie war warm und schön und hatte Augen wie das Meer.

- *Annika List*

- Tom Steffenberg

Auf dem Klo hat es geschneit. Eine von Justins Freundinnen schiebt mich in die Kabine und drückt die Tür hinter uns zu. Schwarze Haarsträhnen kleben ihr auf der Stirn und sie riecht nach Pennymarktparfum. Schultern und Ellenbogen drücken mich gegen die Graffitiwände. Ich frage mich, ob ich jetzt eins von den coolen Kids bin.

Während Justin mir zuzwinkert, zieht sie ein Glasröhrchen aus ihrem BH.

Von draußen pocht der Bass gegen die Tür.

Der Zweimetertyp, der neben ihr steht, lässt die halbaufgerauchte Zigarette auf den Boden fallen und drückt sie mit einem Stahlkappenstiefel aus. Dann schiebt er seine Hand unter ihr Top und drückt ihr einen Kuss in den Nacken.

Justin teilt das weiße Puder auf dem Klodeckel in mehrere dünne Lines auf. Er lässt sich das Röhrchen reichen, hält sich ein Nasenloch zu und zieht eine der Lines an einem Stück durch das andere. Er schnieft ein paar Mal und fährt sich mit der Faust über die Nase. „Probier mal, Linn."

Ich schüttle den Kopf. Peinlich, aber ich weiß nicht einmal genau, ob das Koks oder Pep ist. Ist auch egal, hätte Justin gesagt, Hauptsache es ballert.

Justin zählt sich selbst zu den harten Jungs. Samstagnachmittags steht er vor dem Görlitzer

Park und vertickt Gras und Koks, nur weil es ihm Spaß macht. Nicht, weil er es braucht. Das sagt er zumindest, wenn wir in der Dämmerung auf seiner Veranda sitzen und darüber reden, wie scheiße das Leben ist.

Auf der Brust hat er ein halbes Kreuz tätowiert und wenn er breit genug ist, erklärt er, dass es für die Vergänglichkeit steht. Ich glaube, er hatte einfach keine Kohle für die zweite Hälfte.

Justin sieht genauso verwahrlost aus wie seine Wohnung. Ich muss ihn daran erinnern, sich die Haare zu kämmen. Manchmal, wenn er es mehrmals vergisst, schneide ich die verfilzten Stellen einfach ab.

Er schläft auf dem Bauch. Nachts, wenn sein Schnarchen mich am Einschlafen hindert, fahre ich mit den Fingern über seine Wirbelsäule. Dabei zähle ich die einzelnen Wirbel und frage mich, wann die dünne Haut darüber reißen wird.

Als wir auf der Tanzfläche sind, vergräbt er seine Hände in meinen Haaren, während wir unsere Körper im Takt der Musik bewegen.

Eigentlich mag ich Techno nicht. Aber ich mag Justin.

Als ich zu ihm aufsehe und mit meinem Blick frage, ob es jetzt soweit ist, schüttelt er den Kopf und lächelt über meine Ungeduld. Justin hat glasige helle Augen, in der Farbe von Regenwasser.

Mama hat sich seit Monaten nicht mehr den Ansatz gefärbt. Ihre blondierten Haare sehen immer fettig aus. Heute Nachmittag hat sie einen Haufen Dokumente quer durch die Wohnung getragen und schließlich wutentbrannt auf den Küchenboden geworfen. Dann hat sie geschrien, dass immer alle Kulis in diesem verdammten Haus leer sind und angefangen zu heulen.

Papa arbeitet bis spätabends. Bis Mama mit einer halben Flasche Rotwein vor dem Fernseher eingeschlafen ist und zusammenhangslose Dinge brabbelt, wenn ich sie versehentlich wecke. Morgens holt Papa Brötchen und Mama macht Rührei. Dann sitzen sie zusammen am Tisch und tun so, als ob sie sich etwas zu sagen hätten. Wenn ich dazukomme, gucken sie nur. Bei uns gibt es kein guten Morgen.

Mama hat Serotoninmangel. Als Kind habe ich das nicht verstanden und sie hat mir erklärt, dass wir alle kleine Spinnen in unseren Köpfen haben, die Fröhlichkeit von einem Netz ins nächste bringen. Ihre Spinnen aber sterben auf dem Weg. Ich habe es trotzdem nicht verstanden, konnte dafür aber zwei Wochen lang nicht schlafen.

Ich frage mich, ob sie Justin zum Essen einlädt, wenn ich ihr von ihm erzähle.

Gehen darf ich erst, wenn Papa von der Arbeit zurückkommt, weil sie Angst hat, etwas Dummes zu tun, sobald sie allein ist.

Der Kaugummiball in meinem Mund wird immer größer. Justin zieht mich durch die schwitzende Menge zurück auf die Tanzfläche. Er hat die Kristalle in Cola aufgelöst und wir haben abwechselnd aus der Flasche getrunken. Der bittere Geschmack klebt noch immer auf meiner Zunge. Justins Hände umschließen meine Handgelenke und er reißt meine Arme nach oben.

Ich glaube, ich verstehe Techno jetzt.

Ich zucke im Takt der Musik mit dem krassen Bass, der so heftig in meiner Brust pocht, dass ich keinen Herzschlag mehr brauche. Schweiß rinnt an meinen Schläfen hinunter. Justins Hände wandern an meinen Hüften hinab. Seine Finger krallen sich in meine Jeans, seine Augen sind nur noch Pupillen. Das seichte Grau schimmert dahinter hindurch wie bei einer Sonnenfinsternis.

Mama ist entweder traurig oder wütend. Ich zucke zusammen, wenn sie die Treppe hinaufpoltert. Wenn sie mit der Faust gegen die Tür hämmert und schreit, dass ich nicht abschließen soll, höre ich mein Herz schneller pochen. Dann sitze ich auf dem Bett und halte die Luft an, hoffe, dass sie wieder geht. Das Schweigen ist alles, was ich habe.

Sie weiß nicht, was passiert, wenn sie von der Tür ablässt. Sie sieht meine Tränen nicht und fühlt nicht meine Angst. Alles, was sie sieht und hört und fühlt, ist sie selbst.

Glühend heiße Wangen, zitternd im Blitzlichtgewitter. Ich schwebe irgendwo zwischen grellen Strobolichtern und Justins Händen, die in meine Jeans gekrochen sind und sich zwischen meine Beine schieben. Seine Lippen sind heiß, als er mich küsst. Sein Atem in meinem Nacken lässt Gänsehaut über meinen Körper krabbeln. Ich lasse mich treiben und grinse vor mich hin, während ich immer aggressiver auf dem Kaugummi herumkaue, der mittlerweile nach gar nichts mehr schmeckt.

Im nächsten Moment zieht er mich hinter sich her. Ich kann erst seine Silhouette, dann sein durchgeschwitztes Shirt und seinen nassen Haaransatz sehen. Als wir auf dem Flur ankommen, lächelt er mir zu und zieht eine Schachtel Zigaretten aus der Hosentasche. Ich schlinge meine Arme um seinen Hals. Er reicht mir eine Zigarette und zündet sie für mich an. Ich will ihn gar nicht mehr loslassen.

„Wie geht es dir?", fragt er.

Ich blase ihm den Rauch ins Gesicht und genieße das klebrige Gefühl auf meinem Körper.

„Unglaublich."

Justin schmeckt nach Rauch und Alkohol. Meine Wangen beginnen zu kribbeln.

Zusammen bahnen wir uns einen Weg nach draußen, wo es kälter ist, als ich dachte. Ein orangefarbener Streifen bricht durch den wolkenlosen Himmel und kündigt den

Sonnenaufgang an. Ich will nicht, dass die Nacht endet.

Eine Zigarette nach der anderen gleitet durch meine Finger. Ich spucke den Kaugummi aus und lasse mir von Justin einen neuen geben. Wir stoßen auf die anderen und rauchen noch eine. Wir rauchen, trinken Wasser und haben große Pupillen. Es fühlt sich an, als wären wir eine Familie. Dann werden die Gesprächsthemen weniger, der Himmel wird heller.

Als ich das Haus verlassen habe, um zu Justin zu gehen, hat die Luft nach Regen gerochen. Mamas Augen waren rot und verquollen. Sie hat mich angebettelt, sie nicht allein zu lassen.

Warum ich nicht einmal weggehen kann, wie jedes andere Mädchen, habe ich gefragt.

Ich hatte bereits die Gartentür geöffnet und die Straße überquert, als sie geschrien hat, dass sie sich umbringt, wenn ich jetzt gehe. Sie ist mir barfuß und im Nachthemd einige Schritte hinterhergelaufen und auf dem Bürgersteig zusammengebrochen.

Die kann mich mal, habe ich gedacht und einfach nicht zurückgeblickt.

Ich tanze mit geschlossenen Augen. Die Wirkung des MDMA sollte langsam verflogen sein, aber ich schwebe immer noch und bin weit davon entfernt, den Boden unter meinen Füßen zu spüren. Ich frage mich, was passiert, wenn das ganze Serotonin in mir aufgebraucht ist. Ob ich dann bin wie Mama.

Erst als Justin wiederkommt merke ich, dass er weggewesen ist. Wortlos reißt er mich aus meiner Trance und zieht mich durch die Menge.

„Mandy hat eine Mitfahrgelegenheit organisiert."

„Wie spät ist es?"

„Fast neun. Wenn es dir nichts ausmacht, würde ich jetzt gehen." Er trägt seine abgetragene braune Lederjacke über dem Arm. Ich brauche eine Sekunde, um zu verstehen, dass er keine Mitfahrgelegenheit für mich meint.

„Du warst schon bei der Garderobe?" Ich folge ihm mit schnellen Schritten nach draußen, wo mir die Sonne ins Gesicht knallt. Seine Pupillen sind wieder klein. Die Augen sehen wässrig aus. Wie Pfützen.

„Ist leider ziemlich spontan gewesen, tut mir leid, Süße. Schreib mir, wenn du Zuhause bist." Er gibt mir einen Kuss auf die Stirn und geht.

Die Sonne blendet. Neben mir steckt sich jemand eine Zigarette an. Vom Geruch wird mir schlecht. Unerwartet schießen mir Tränen in die Augen.

Ich hole meine Handtasche von der Garderobe ab. Während ich den Club verlasse, fische ich das Handy aus der Tasche.

14 entgangene Anrufe von Mama. 2 entgangene Anrufe von Papa. 21 neue Nachrichten von Mama.

Die letzte gegen 22 Uhr. Ich kann nicht mehr. Es tut mir leid.

Mein Mageninhalt schießt durch die Speiseröhre und strömt auf den Bürgersteig. Ich huste und spucke den Rest aus. Mein Gesicht fühlt sich heiß an.

Während ich immer wieder Mamas Nummer wähle, hetze ich durch die Straßen, stolpere die Treppen zur Station hinunter und stürze in die nächste S-Bahn.

Südkreuz steige ich aus. Auch Papa geht nicht ran. Die letzten zweihundert Meter legen meine Beine von selbst zurück.

Vor dem Haus bleibe ich stehen. Ein hellblauer, wolkenloser Himmel wölbt sich über das schwarzgeziegelte Dach. Die Vorhänge sind zugezogen.

Ich frage mich, was Justin jetzt macht. Ob er schon schläft und ob er dabei auf dem Bauch liegt und schnarcht. Ich sollte ihn daran erinnern, seine Haare zu kämmen, bevor er schlafen geht. Sonst sind sie später wieder ganz verfilzt.

Ich muss den Schlüssel nur einmal drehen, um das vertraute Klacken zu hören, mit dem die Tür aufgeht. Hier ist es drinnen immer kühler als draußen. Die Tür zum Esszimmer steht offen. Mein Herz rast.

Ein süßlicher Geruch kommt aus der Küche.

Der Tisch ist gedeckt. Toast und Rührei und Mama und Papa, die da sitzen und gucken. *Annika List*

-   *Tessa Siebenstern*

Diese Lüge schmeckt nach kaltem Döner, Sonnenaufgängen über Betonbauten und Vodka-Redbull. Nach Nebel auf den Wiesen hinter den Wohnblöcken, Nächten, die langsam kühler werden und ein bisschen nach dem Moos, das aus den schmalen Spalten zwischen den Steinen auf dem Dach kriecht. Nach Rauch, der nach oben steigt und Gespenster in die Luft malt. An der Grenze sitzen, die Beine nach unten baumeln lassen, ganz knapp vor dem Fall.

Unten auf der Straße summen die Autos.

Unter meinen Fingernägeln klebt Dreck. Deine Hand liegt genau neben meiner, bedeutungsvolle Millimeter voneinander entfernt. In Gedanken greife ich danach. Finger, die sich ineinander verschränken. Schnell. So lange der Tag noch hinter den Dächern der Stadt wartet und der letzte Herzschlag der Nacht uns vor dem Morgen versteckt.

Du gähnst schon.

Hier oben auf dem Dach sind wir allein. Mit leeren Dosen, Pappbechern voller Kippenstummel und deiner dunkelblauen Bluetooth-Box.

Manchmal erzählen wir Geschichten über unsere Kindheit, über Träume, die wir vergessen haben. Ernste Themen zwischen durchgekautem

Smalltalk. Wie Kaugummi, der zu lange gekaut wurde, fade und blass.

Aber ein Flüstern in deinen Augen, wenn sie meine suchen.

Wenn du kurz aufhörst, zu sprechen.

Dann halte ich für einen Moment den Atem an und lausche der Wahrheit in deiner Stille.

Wir trinken manchmal fertige Mischen aus Dosen, die an der Tankstelle viel zu teuer sind. Mindestens die Hälfte davon ist Vodka, sagst du und verziehst das Gesicht. Du trinkst es aber trotzdem und ich trinke es ebenfalls, so lange, bis wir schwanken und näher zusammenrücken.

Wenig Balance und trotzdem an der Dachkante sitzen. Manchmal am Rand entlanglaufen, die Arme ausgestreckt, taumelnd, tanzend. Wir sind wie Teenager, furchtlos. Keine Regeln, keine Konsequenzen. Als wären wir gerade 18 geworden und alt genug, um Schnaps zu kaufen, aber zu jung, um sich den Kopf zu zerbrechen. Abgewetzte Sneakers auf löchrigem Asphalt.

Schmetterlinge im Bauch.

Bereit, jeden Moment hinunterzustürzen.

–

Sie mag Joghurtschokolade und wenn im Frühling die Nächte kürzer werden. Sie sitzt gern nachmittags auf dem Balkon und liest Geschichten über Vampire. Dabei stellt sie den Sonnenschirm so ein, dass der Schatten ihre Beine nicht bedeckt. Sie sind zu blass, meint sie.

Wenn ich bei ihr bin, lassen wir Wassereis schmelzen und lästern über Nachbarn, die wir beide nicht leiden können. Dann erzählt sie von ihrer neuen Spülmaschine und dem Haus, das sie sich am Stadtrand kaufen möchte, das jedoch viel zu teuer ist und viel zu viele Zimmer hat. Eins soll ein Kinderzimmer sein, meint sie. Die Wände gelb oder grün. Aber es mache keinen Spaß, eine Familie zu gründen, ohne verheiratet zu sein. Ich beschwichtige sie. Der Antrag wird sicher bald kommen.

Dann habe ich einen bitteren Geschmack auf der Zunge.

Wenn wir zusammen auf dem Sofa sitzen und Serien schauen, legt sie manchmal den Kopf auf meine Schulter. Dann stelle ich fest, dass ihr Haar genauso riecht wie eure Wohnung. Duftkerzen und Shishatabak mit Zitrus-Minze Geschmack. Und ein bisschen nach dem Hund mit dem blinden Auge, der immer zwischen dem Sofa und der Wand liegt. Kletten kleben in seinem Fell, das sich irgendwie ölig anfühlt, wenn man ihn streichelt.

Wenn wir high sind, drückt sie mir kalte Küsse auf die Wange. Sie blinzelt weniger und erzählt mehr und ihre Pupillen sind so groß, dass sie das Blau ihrer Augen verdrängen. Dann lacht sie und redet nicht mehr über Spülmaschinen und Eigentumswohnungen, sondern über die Angst vor dem Fallen und das Gefühl, nie genug zu sein. Wir beißen auf Mentos Kaugummis mit Erdbeergeschmack herum, die nach wenigen Minuten nach nichts mehr schmecken und warten auf den Sonnenaufgang.

Du nimmst keine chemischen Drogen, hast du gesagt. Aber du siehst uns gern dabei zu.

–

Ich würde gern mit dir high werden. Hier oben auf dem Dach, zwischen Moos und Stein und Mondlicht. Aber wir müssen uns beeilen, bevor die Nächte zu kalt werden und wir Jacken über unsere Oversize-Hoodies ziehen müssen.

Davon ist wirklich die Hälfte Vodka, sage ich und stelle die Dose neben mich auf den Boden. Wärme ummantelt mich, meine Lippen sind taub und mein Körper fühlt sich gleichzeitig leicht und schwer an. Jetzt berühren sich unsere Schultern.

Du redest über diese Serie, die wir mit ihr zusammen gesehen haben. Ich denke nur daran, dass deine Hand immer noch neben meiner liegt. Der Bruchteil einer Sekunde könnte ganze Welten verändern. Eine Berührung, so viele Variablen. Du könntest deine Hand wegziehen, ehe ich sie ganz umschließe. So tun, als wäre das nicht passiert. Mich fragen, warum es passiert ist. Mir sagen, dass du meine Gefühle nicht teilst. Dann würde ich alles auf den Alkohol schieben, vielleicht morgen so tun, als ob ich mich nicht erinnern kann. Ich würde euch beide nicht mehr ansehen und vielleicht die Nachbarschaft wechseln. Oder die Stadt. Oder das Land. Aber du könntest es auch geschehen lassen und schweigen und mich wieder ansehen mit Augen, die gleichzeitig alle und keine Farben haben.

Manchmal denke ich, dass es gar nicht so schwer ist. Dass jeder Sturm irgendwann vorbeizieht. Dann versuche ich, nicht mehr an dich zu denken. Doch ich kann nicht vergessen, wie du aussiehst, wenn du lächelst. Ich habe versucht, mir immer und immer wieder vorzustellen, wie es mit dir wäre. Kopfkino, so lange, bis der Film langweilig wird. Keine Chance. Du bist das Kuckuckskind in meinem Kopf. Du nimmst mit jedem Tag mehr Platz ein und lässt alle anderen Gedanken verhungern.

Ich ziehe meine Zigarettenschachtel aus der Tasche meines Pullovers und fische eine der letzten drei Zigaretten heraus. Ich klemme sie mir zwischen die Lippen und drehe mich um, um mein Feuerzeug zu suchen, da lässt du neben mir dein schwarzes Zippo aufleuchten. Ich beuge mich vor und halte die Zigarette in deine Flamme, sehe auf während ich fest daran ziehe. Dein Blick ist auf meine Lippen gerichtet, die Flamme schwimmt in deinen Augen. Als du das Feuerzeug zuschnappen lässt, ist es kurz dunkel zwischen uns. Ich blase dir den Rauch ins Gesicht und spüre, dass du näherkommst.

Deine Hand streift meine.

Ich höre deinen Atem pfeifen. Unsere Finger kriechen ineinander, meine kalt, deine heiß.

–

Im Sommer hat sie die Blumentöpfe auf dem Balkon neu bepflanzt. Bis Oktober würden sie blühen, hat sie gesagt und mich immer wieder daran erinnert, meine eigenen zu gießen, damit sie nicht schon wieder eingehen. Ich habe ihr geholfen, die ausgeblichenen Holzdielen zu streichen und Lichterketten um das Geländer zu wickeln, damit wir in lauen Sommernächten draußen sitzen und trinken und über Mädchensachen reden können. Wie zum Beispiel, dass sie jeden Morgen dreißig Minuten vor dem Spiegel steht und versucht, ihre Locken zu bändigen, während ich mich über meine Spaghettihaare aufrege.

Man will immer das, was man nicht hat, hat sie gesagt.

Oder das, was man nicht haben kann, habe ich hinzugefügt und dann haben wir darauf getrunken.

Du hast dich zu uns gesetzt und als sie schlafen gegangen ist, haben wir noch eine Weile dagesessen und Musik gehört und manchmal geredet. Über Geister und Insekten und Sterne, und dass sie sich seit fünf Jahren immer dasselbe wünscht, wenn sie eine Sternschnuppe sieht, dir aber nie sagt, was es ist. Vielleicht verkaufst du irgendwann alles, was du hast und gehst auf Reisen. Abenteuer in einem Camper Van.

Ich kann ja mitkommen, hast du gesagt.

Du weichst aus, wenn sie dich fragt, wann du ihr endlich den Antrag machst. Du redest von finanzieller Sicherheit, zuckst aber jedes Mal zusammen, wenn sie über Häuser mit Gärten und Kombis mit großem Kofferraum, in die man Kinderwägen stecken könnte, spricht.

Du kannst mit ihr nicht reden, erzählst du mir betrunken.

Sie schwimmt nur an der Oberfläche, dort wo es Autos und Kinderwägen und Spülmaschinen gibt.

Bei mir ist das anders, sagst du. Ich tauche tiefer.

Auf dem Ozean gibt es keine Autos und Kinderwägen und Spülmaschinen, antworte ich. Und wer tiefer taucht, kann leichter ertrinken.

–

Das Morgenrot streichelt deine Wangen. Unsere Finger sind noch immer ineinander verschränkt. Mein Blick streicht über dein Gesicht und ich berühre dich in Gedanken und fühle deinen Geruch. Die Bartstoppeln auf deinem Kinn und der weiche Hals mit der blassen Haut, eine Mischung aus Parfum und dir. Mein Kopf fühlt sich schwer an, meine Gedanken taumeln. Ich will wissen, ob die Haut unter deinem T-Shirt genauso warm ist wie deine Hände.

–

Du hast ein komisches Stöhnen, hat sie mal gesagt und gekichert, als wir bei Edeka in dem Gang mit dem Hundefutter standen. Aber sie mag es, wenn du ihr beim Sex den Mund zuhältst.

–

Unsere Hände lösen sich voneinander und wir greifen gleichzeitig nach den halbleeren Dosen.
Ich gähne.
Im Nachbarhaus werden die Rollläden hochgezogen und Lichter gehen an. Hinter den Fenstern strecken sich mittelalte Leute, ziehen sich BH's und Hosen an und stellen die Fenster auf Kipp.
Wir wären ein tolles Paar, hast du mal gesagt, als wir nachts herumgelaufen sind.
Noch eine Zigarette, sagst du. Noch die Dosen leertrinken, sage ich.
Bevor wir gehen.

Wir sehen uns in die Augen und lächeln, als wir anstoßen, ohne etwas zu sagen.

Wir können herumlaufen und wir können träumen von Reisen und Abenteuern, von Liebe und Frieden und dass es niemals so wird wie es immer wird.

Aber für den Moment sitzen wir hier und trinken auf das, was man nicht haben kann.

- *Annika List*

Draußen ist Winter. Deswegen ist es immer dunkel. Sie hat schon vergessen, wie es im Sommer war. Wie es war, mit der Sonne aufzuwachen.

Das Baby schreit oben in seinem Bettchen. Hier unten tickt die Küchenuhr. Die krummen Zeiger auf dem dunkeln Ziffernblatt verraten, dass seit dem letzten Fläschchen keine zwei Stunden vergangen sind.

Hinter dem Fenster ist es schwarz. Ihre Gestalt spiegelt sich in der Scheibe. Sie sieht einen mageren Körper, eingefallene Augen und zerzauste Haare.

Nach seinem Tod war es lange Zeit still im Haus. Damals schien die Zeit stehen zu bleiben und es fühlte sich an, als ob das Haus den Atem anhielt.

Sie hat Angst, ihn eines Tages zu vergessen. Deswegen steht auf seinem Platz am Esstisch immer noch die Kaffeetasse mit dem verkrusteten Kaffeesatz, aus der er am Morgen getrunken hatte. Über der Sofalehne hängt seine abgetragene Sweatshirt-Jacke und riecht nach Vergangenheit.

Sie geht hinüber zur Tür und schließt sie, um das Geschrei zu dämpfen. Dann öffnet sie das Fenster und steckt sich eine Zigarette an. Sie bläst den

Rauch in die kalte Luft und beobachtet, wie dünne Nebelfäden in der Nacht verschwinden.

An den Fensterscheiben klettern Eisblumen hinauf. Auf der anderen Straßenseite blinken die Schlitten von Weihnachtsmännern und Lichterketten wickeln sich um Bäumchen in kleinen Vorgärten. Oben am Wald lässt der Mond die schneebedeckten Wiesen glitzern.

Sie drückt die Zigarette aus und wirft den Stummel auf die Straße. Als sie das Fenster schließt, jucken ihre Arme.

Sie schaltet das Licht nicht an, als sie die Treppe hinaufgeht. Das Baby schreit jetzt noch lauter. Der Gestank voller Windeln kriecht durch die Türritzen.

Das Mobile im Kinderzimmer dreht sich immer noch. Darunter hat das Kind verquollene Augen. Das Licht, das aus dem Flur in den Raum fällt, lässt die Schatten an der Wand tanzen.

Er hat das Kind mehr gewollt als sie. Es war, als wäre sie nicht mehr genug gewesen. Und dann hat er sie mit diesem Tumor in ihrer Bauchhöhle allein gelassen. Wenn sie sich auf den Bauch geschlagen hat, hat das Kind aufgehört zu treten.

Nach der Geburt hat sie die Hebamme angeschrien. Schweiß, Tränen und Rotze im Gesicht, Blut und Fruchtwasser zwischen den

Beinen. Man hat ihr gesagt, es werde alles wieder gut, sobald sie ihr Kind in den Armen hielt.

Als man ihr den kleinen, dunklen Wurm entgegenstreckte, wurde ihr schlecht.

Seine runzelige Haut war aufgequollen und aus seinem Bauch stach ein Stück Nabelschnur heraus.

Sie sagten ihr, das würde schon alles werden, wenn sie sich erst einmal erholt habe. Dann würde sie ihr Kind lieben.

Als sie auf den Wecker schaut ist es fünf Uhr morgens. Im Nebenzimmer brüllt das Baby. Sie zieht sich die Bettdecke über den Kopf und hofft, dass es von selbst wieder aufhört.

Das Baby schreit weiter. Draußen ist es dunkel.

Einmal hat sie geträumt, wie sein weicher Körper in ihren Armen auseinanderreißt.

Sie stößt die Tür zum Kinderzimmer auf und schaltet das Licht an. Das Baby windet sich in seinem Bettchen. Sein Gesicht ist rot und verzerrt, voll von Schreien.

Sie greift das Kind an der Kleidung, reißt es aus dem Bett und drückt es an die Brust. Das T-Shirt ist durchnässt von Tränen und Speichel. Vielleicht muss sie es nur fest genug an sich pressen, damit es aufhört. Dann wäre es endlich wieder still im Haus.

Wenn das Baby nicht schreit, hat es offene Augen. Sie sind groß und froschartig und haben die Farbe von schmutzigen Pfützen.

Draußen ist Tag. Reste des Milchpulvers kleben in der Rille am Boden des Fläschchens. Sie stellt es umgedreht auf ein Handtuch neben der Spüle. Ihre Finger tun weh, weil das Wasser nicht warm wird.

Das Baby liegt in einer Schale auf dem ausgefranzten Wohnzimmerteppich. Auf seinem Schlafanzug breitet sich ein dunkler Fleck aus, an seinen Wangen ist die Milch getrocknet. Die Wimpern sind verklebt von Tränen.

Als sie es hochnehmen will, spuckt es einen Schwall Babymilch aus. Es schreit und ballt die Hände zu Fäusten. Seine Gliedmaßen bewegen sich ganz langsam, es reißt den Mund weit auf. Der Kopf riecht nach Talg und Milchkotze. Die kleinen Finger sind genauso kalt wie ihre.

Sie trägt es nach oben und legt es in sein Kinderbett. Im Gesicht ist das Baby rot, zwischen den Schreien gluckst und röchelt es.

Sein Bauch ist aufgebläht und vom Heulen bekommt es Schluckauf.

Als er ihr zum ersten Mal sagte, dass er sie liebte, war der Himmel golden wie Honig.

Er trug ein blaugraues Karo-Hemd und roch nach billigem Parfum. Ihre Haare waren damals genauso schwarz wie seine. Der Kuss schmeckte nach Apfelwein und Zigarillos.

Am nächsten Tag liefen sie durch die Stadt, vorbei an Schaufenstern mit Dingen darin, die sie sich nicht leisten konnten.

Zu seinem Geburtstag fuhren sie für ein Wochenende in die Berge. Er nahm den Hund mit, der nachts neben dem Bett lag und schmatzte.

Tagsüber liefen sie durch die Wälder und pflückten wilde Beeren von den Sträuchern am Wegrand. Der Hund lief vor und verschwand im Unterholz. Als er zurück kam, war das weiße Bauchfell dunkelbraun gefärbt und verklebt von Kletten und Blättern.

Sie wusste, dass er den Hund liebte. Deshalb sagte sie nichts, wenn er morgens aufs Bett sprang und schwarze Abdrücke auf dem Laken hinterließ.

Dann wurde sie schwanger und sie zogen um. Im neuen Haus war mehr Platz. Zwischen Brettern, Nägeln und Ikea-Anleitungen stapelten sich Kartons und überfällige Rechnungen. Den Hund gab es schon lange nicht mehr.

Im Kinderzimmer strichen sie die Wände gelb und grün und tranken Kakao aus Plastikflaschen.

Sie kauften Windeln, Söckchen, Bodys und dicke Jacken. Zuhause bezogen sie das Bett und hingen das Mobile mit den Papierfischen darüber. Dann klebten sie bunte Bilder an die Fensterscheiben.

Abends legte er seinen Kopf auf ihren Bauch und küsste ihre geschwollenen Brüste.

Er sagte, dass das Kind ihnen guttun würde.

Das Baby ist jetzt blau im Gesicht. Zwischen den Schreien werden die Pausen immer länger. Die Augen sind fest zusammengedrückt, es keucht und ringt nach Luft.

Die Ohren tun ihr weh. Das Kind strampelt und zappelt, streckt die Arme aus und um Mund und Augen legen sich lilafarbene Schatten.

Als sie ihn am Morgen im Schlafzimmer fand, war der Himmel grau wie Asche.

Er lag neben dem Bett in einer Pfütze Erbrochenem. Die Haut weiß vom Tod.

Seine Augen eingefallen, darunter dunkelblaue Schatten. Seine Hand lag geöffnet neben dem schlaffen Körper, darin blutige Scherben. Rund herum der Rest des zersprungenen Glases.

Auf dem Nachttisch lag kein Abschiedsbrief.

Das Küchenfenster ist weit geöffnet. Ihr Kopf pocht.

Die Zigarette brennt an ihren aufgesprungenen Lippen. An ihren Unterarmen kriecht der Ausschlag wie Efeu hinauf.

Auf den alten Schnee im Hof hat sich in der Nacht eine Schicht Puderschnee gelegt. Schwarze

Fußspuren und Reifenabdrücke durchziehen die weiße Decke.

Eine Nachbarin zerrt an der Leine ihres Yorkshire-Terrier-Mix, der sich weigert den kalten Boden zu betreten. Im Haus daneben öffnet sich ein Fenster und ein alter Mann streckt den kahlen Kopf raus. Einen Moment lang glotzt er nur, dann ruft er ihr irgendetwas zu.

Von irgendwoher zieht ein Geruch von Mittagessen durch die Luft.

Sie drückt die Zigarette aus und schließt das Fenster.

Etwas ist anders.

Im Haus ist es still.

-   *Annika List*

DIE PRIMAL PATHS

Der Primal Paths e.V. ist nicht so einfach zu definieren, wie es bei einem Fußballverein der Fall wäre. Statt einer einzelnen Tätigkeit, steht hier eine ganz bestimmte Philosophie im Vordergrund. Eine, in der es um Freiheit, Unabhängigkeit, Nachhaltigkeit und Naturverbundenheit geht. Darum fördert der Verein eine Kunst- und Kulturszene, die abseits von kommerziellen Filtern und wirtschaftlichen Interessen existiert. In diesem Buch bestimmte kein Unternehmen, ob ein Werk publiziert wird. Lediglich die Authentizität sollte eine Rolle spielen. Dieser Band hat nur ein einziges Ziel: Zu zeigen, dass jeder, der etwas zu sagen hat, auch das Recht darauf besitzt, gehört zu werden.

Und so ist dieser Band ein kleines Fragment auf dem Weg zu einer Gesellschaft, die sich selbst nahesteht, keine Scheu davor hat mit den eigenen Gefühlen an die Außenwelt zu dringen und Kunst nicht mehr als kurzlebige Dienstleistung versteht.

Tom Heinrich,
Vereinsvorsitzender

DEIN EIGENES WERK